パウロの手紙を読む
キリストに捕らえられて

聖書講座シリーズ 13

カトリック京都司教区聖書委員会

サンパウロ

すすめのことば

ベネディクト十六世教皇は、パウロの生誕二千年にあたって、二〇〇八年六月から一年、「聖パウロ年」を開催されました。パウロはダマスコへの途上、イエスに出会うまでは教会の敵でしたが、その後は全生涯を福音のためにささげました。キリストのことばとの出会いは、わたしたちの生活を完全に変えることができます。パウロは、キリストのために生き、キリストのために働き、キリストのために苦しみ、キリストのために死にました。ベネディクト十六世教皇は言われました。「今もキリストは、すすんで自らを犠牲にする使徒を必要としています。キリストは聖パウロと同じような証しと殉教を必要としています」。わたしたちも、パウロに倣い、キリストに捕らえられて、福音宣教者として派遣されていきましょう。

二〇一六年一月二十五日　聖パウロの回心の祝日に

カトリック京都司教区司教　　パウロ　大塚 喜直

はじめに

「キリストの愛がわたしたちを駆り立てている」（二コリント5・14）。だから、「福音を告げ知らせないなら、わたしは不幸なのです」（一コリント9・16）。

教皇ベネディクト十六世は、二〇〇八年六月二十八日から二〇〇九年六月二十九日までを「聖パウロ年」と定められました。これを受けて京都司教区聖書委員会では、二〇〇九年度聖書講座のテーマを「キリストに捕らえられて―パウロの福音宣教」とし、二〇〇九年五月から十二月まで十三回にわたる聖書講座を企画し、開催しました。前年の二〇〇八年度聖書講座は、ペトロ岐部と一八七殉教者の列福にあたり、「今キリストを証しする―聖書に学ぶ現代人の生き方」をテーマとし、殉教者の精神を今に生きるとはどういうことかを学びました（聖書講座シリーズ8として出版）。そして二〇〇九年度は、パウロの精神、パウロの生き方から現代における福音宣教を学びたいということになったのです。

福音宣教は、キリスト教共同体だけでなく人類全体に及ぶ神からの呼びかけです。一九七四年に第二バチカン公会議を記念して第三回司教代表者会議（シノドス）が開催されましたが、そのテーマは福音を宣教するための新しい「福音宣教」でした。これを受けてパウロ六世は、使徒的勧告『エヴァンジェリィ・ヌンチアンディ』を発布されました（一九七五年）。そして二〇一二年のシノドスでは、テーマが「キリスト教信仰を伝えるための新しい福音宣教」であり、これを受けてフランシスコ教皇の『福音の喜び』（二〇一四年五月）が生まれました。このような流れの中で、「パウロの福音宣教」を学ぶことは意味があるのではないかと思います。

パウロが書いたと言われている手紙は、ヘブライ書を除くと長短合わせて十三あります。それらについては十分に語り尽くすことはできませんが、パウロの福音宣教の精神の高鳴りと熱意を本書で探ってみることができればと思います。

本書で取り上げた六つのテーマについて簡単に説明させていただきます。

①「パウロという人」。パウロとはどういう人物であったかを紹介します。割礼を受けた生粋のヘブライ人、律法の点では非のうちどころのないファリサイ人、熱心さの点ではキリストとキリスト者の迫害者でしたが、キリストのゆえにすべてを失いました。

②「わたしたちは信仰によって義とされた」（ローマ5・1）。わたしたちが義とされるのは信仰（その中心は復活）によるのであり、救いの保証は律法の順守ではなく、信仰と聖霊の働きによるのだと語ります。

③「だれが、キリストの愛からわたしたちを引き離すことができましょう」（ローマ8・35）。キリストの愛に捕らえられたパウロの心の叫びのようなものを思い起こします。

④「あなたがたはキリストの体である」（一コリント12―13章）。わたしたちはキリストと一つに結ばれ、キリストによって生かされ、キリストの愛に結ばれて、一つの神秘体に成長していき、救いはキリストの体に属していることにより得ることができると語ります。

⑤「肉に従ってキリストを知ろうとはしません」（二コリント5・16参照）。キリストを通して神との関係はまったく新たにされ、肉によってキリストを知ろうとはせず、霊によって知る霊の人にされたと語ります。

⑥「わたしは戦いを立派に戦い抜き、決められた道を走りとおした」（二テモテ4・7参照）。最後にパウロは、戦い抜き、走るべき道を走りとおし、あとは義の栄光を受けるのみであるという状態に達することができたと語ります。

このようにパウロの手紙を読むことを通して、わたしたちはキリストに捕らえられた者に何か起こるのか、どう変えられていくのかを学ぶことができるのではないでしょうか。「パウロの精神をもって現代に生きるということがどういうことなのか」を問い始めることが大切だと思います。

キリストに捕らえられたパウロは、命をかけてキリストを証ししようと、キリストを見つめていきました。わたしたちは「キリストについて語る」のではなく、「キリストを証しする」ように召されています。「わたしにとってキリストは誰なのか」、「キリストに出会ってわたしたちはどう変えられるのか」、それをパウロを通して見つめていければと思います。

本書を通して、キリストに捕らえられ、キリストに生かされ、キリストを身に帯びている「キリスト者の生き方」が見えてくれれば幸いです。

京都司教区聖書委員会

京都司教区司祭　村上　透磨

目次

すすめのことば……京都司教区司教　大塚喜直――3
はじめに……京都司教区司祭　村上透磨――5
パウロという人……京都司教区司祭　村上透磨――13
はじめに／回心する前のパウロ／パウロの回心――キリストによる再創造／おわりに
わたしたちは信仰によって義とされた……聖パウロ修道会司祭　澤田豊成――31

はじめに／ガラテヤの教会の状況／義とされる／律法の行いによるのではなく、信仰によって／無償で／神の子、神の相続人／ヤコブの手紙に見る「義とされる」／おわりに

だれが、キリストの愛から
わたしたちを引き離すことができましょう
京都司教区司祭　北村善朗——67
はじめに／ローマ書に至るまで／イエスによって示された神の愛／パウロにおける聖霊の体験／キリスト者とは何か—聖霊に住まわれ、導かれている者

あなたがたはキリストの体である
イエズス会司祭　英隆一朗——93
当時のコリントの教会の状況／ミサ聖祭と教会共同体／

神秘である聖体／キリストの体である教会共同体／一人ひとりの違いを認め合う教会共同体／愛を生きていく教会共同体

肉に従ってキリストを知ろうとはしません
……神言修道会司祭　西経一──127
肉に従う／霊に従う／聖性への道／涙ながらの手紙に見るパウロの心／おわりに

わたしは戦いを立派に戦い抜き、決められた道を走りとおした
……聖パウロ修道会司祭　鈴木信一──149
はじめに／回心／キリストに仕える者としてのパウロの歩み／キリストの領域に置かれる／パウロは死をどのように見つめ、どのように人生を振り返ったか／おわりに

パウロという人

京都司教区司祭　村上　透磨

はじめに

パウロはキリストに捕らえられた者です。そのパウロを知るということはキリストを知るということです。そしてキリストを知るということは、キリスト者の当然の願いだと思います。キリスト者でありながら、キリストを知らない、キリストを求めないのであれば、それはキリスト者とは言えないでしょう。

パウロが見ていたキリスト、パウロが語りかけていたキリスト、パウロが伝えたキリストを知ることを通して、わたしたちはキリストに近づき、キリストを身に帯びていけるのだと思います。そのために聖書を通して、パウロを捕らえたキリスト、パウロが捕らえられたキリスト、それはどのような方なのかということを読み取ることが大切です。パウロは、自分を伝えるのではなく、キリストを伝えたかったのです。彼は自分を捕らえたキリストを、自分のすべてをかけて伝えていきました。

パウロがどのようにキリストに捕らえられ、変えられていったのか。そして、自分を捕らえたキリストをパウロはどのように伝えていったのか。それは、使徒言行録とパウロの手紙によって知ることができます。それらを通して、わたしたちはパウロの思いを知り、キリストを見つめていくことができるでしょう。

わたしたちは、キリストについて語るのではなく、キリストを証ししなければなりません。「～について語る」ということと「～を証しする」ということは違うからです。「信仰について語る」ことはできるかもしれませんが、「信仰を生きる」ということはなかなか難しいのです。

今日は、キリスト論、いわゆるキリストの神学を語るということではなく、「キリストを証しする」、「キリストを告白する」、「キリストを生きる」とはどういうことなのか、それをパウロの目を通して見ていきたいと思います。そして、わたしたちが教会を生き生きとしたものとする小さな努力を重ねていくことができればと思います。

回心する前のパウロ

わたしたちはそれぞれ名前を持っている一人の人間です。そして、日々新たに造り変えられ、成長していきます。それは死ぬまでずっと続きます。わたしたちは、キリスト者に成っていく人間なのです。すでにキリスト者であるけれど、まだそうではないという、「ある」と「まだ」という緊張感の中に生きているのが今のわたしたちの姿です。

パウロはどういう人だったのでしょうか。それは、パウロがどのように生きたかをたどることを通して分かってきます。パウロの回心は、パウロが回心したその時点だけのことではなく、その後もずっと続いていきました。それは、キリストに捕らえられ、キリストに生き、キリストを証しするために立派に戦い抜くというところにまで至るのです。それを見るためには、回心する前のパウロはどういう人であったかということを知っておく必要があります。

使徒言行録でのパウロを通して見えてくることは、聖霊の導きがあったこと、そしてパウロが反対を受けていたことです。彼のすばらしい宣教の歩みには、いつも聖霊が働いていました。しかし、パウロへの反対も起こるのです。特に反対したのは、ユダヤ教を信じる人やユダヤ教から改宗したキリスト者です。当時、ユダヤ人でキリスト者になったけれども、ユダヤ教から離れきれず律法に囚われて、キリストの福音に生きることができない人たちがたくさんいました。彼らがパウロの敵対者となったのです。彼らの反対を受けたパウロは、その地にいられなくなり、次の宣教地へ向かいました。反対を受けるということは、必ずしも福音宣教ができなくなるということではなく、かえって新しい道が開かれていくのです。そこに聖霊の導きがある、そのことをわたしたちは知っておかなければなりません。

パウロの手紙から、回心する前のパウロはどういう人だったのかを見ていきましょう。

肉にも頼ろうと思えば、わたしは頼れなくはない。だれかほかに、肉に頼れると思う人がいるなら、わたしはなおさらのことです。（フィリピ3章4節）

パウロは、ローマ書やコリント書で「霊の人」、「肉の人」という表現を使っています。パウロが言う「霊の人」、それは神中心に生きる人のことです。そして「肉の人」というのは、肉欲によって生きるという意味ではなく、自分中心に生きる人のことを表しています。さらにパウロは言います。

わたしは生まれて八日目に割礼を受け、イスラエルの民に属し、ベニヤミン族の出身で、ヘブライ人の中のヘブライ人です。律法に関してはファリサイ派の一員、熱心さの点では教会の迫害者、律法の義については非のうちどころのない者でした。（フィリピ3章5−6節）

ここでパウロは、自分の出自、そして回心する前の自分はこういう者だったと言っています。パウロは、自分の出自、そして回心する前の自分はこういう者だったと言っています。イスラエルには、神と闘って勝った者という意味があり、そのことから、イスラエルは神から特別に選ばれた者であるととらえられています。ベニヤミンは、イスラエル（ヤコブ）の一番下の子で、イスラエルから最も愛されたラケルの子です。しかもベニヤミンは約束の地に入ってから生まれた子だと言われています。そういう意味でベニヤミン族ということは、十二部族の中でも、イスラエル人の中のイスラエル人であるということのしるしだということでしょう。ヘブライ人とは、ヘブライ語を話す人、またはパレスチナに住んでいる人のことを表したようです。おそらく、ヘブライ語を話すということは、自分がヘブライ人であることの誇りを表していると思います。つまり、ヘブライ人であるということは民族の誇り、自分たちの生きるよりどころ、自分が自分であることのしるしだったようです。

またパウロは、律法に関してはファリサイ派の一員であったと言っています。つまり、パウロは自分の出自に誇りを持っていたのです。

わたしたちは、ファリサイ派と聞くとあまりよいイメージを持っていないのですが、彼らは律法を完全に守ろうとした人たちです。今でもユダヤ人たちは律法を大切に守っています。それを守ることがユダヤ人であることのしるし、アイデンティティーなのです。

そして、パウロは自分を「熱心さの点では教会の迫害者」と言っています。「自分たちが教えられた教えこそ真実の教えなのだ、とキリスト者を迫害した。律法を守らない者は人間ではないというくらいの強い自信を持ち、自分たちは律法に照らして正しい者で、行いに関しては非のうちどころのない者であった」と言うのです。このように、回心する前のパウロは自信に満ちて生き、また周りの人々からもそのように見られていたのです。

パウロの回心―キリストによる再創造

律法の義については非のうちどころのない者だと思っていたパウロは、キリスト者を見つけ出し、エルサレムに連行しようとダマスコに向かっていました。その途上で、キリストに出会い、キリストに捕らえられたのです。パウロに何が起こったのでしょうか。

しかし、わたしにとって有利であったこれらのことを、キリストのゆえに損失と見なすようになったのです。そればかりか、わたしの主キリスト・イエスを知ることのあまりのすばらしさに、今では他の一切を損失とみています。キリストのゆえに、わたしはすべてを失いましたが、それらを塵《ちり》あくたと見なしています。

（フィリピ3章7－8節）

それまで信仰者として自信に満ちて生きていたパウロは、キリストに出会ったことによって、自分がそれまでよいと思っていたものすべてが、キリストの前に何の価値もないもの、意味のないもの、塵あくたにすぎないものであることに気づいたのです。これがパウロの回心です。

キリストに出会い、キリストに捕らえられた。そこで始まるのは、キリストによる再創造です。それは、無であったもの、塵にすぎなかったものに神の力が働いて、生きるものにされたということです。

ファリサイ派として自信に満ちて生きていたパウロは、その自分のすべてが神の前に一度砕かれてしまわなければだめだということに気づかされたのです。そしてパウロは、砕かれた土となったのです。その時、神はその人に自由な創造を始められます。そこからキリストによる再創造が始まります。それはパウロだけではありません。わたしたちに対しても神の再創造がなされるのです。

洗礼は、神の子に生まれ変わることだと言われますが、それだけではありません。今までの生き方がすべて粉々に砕かれ、神の創造を待つことです。創造は神の業ですから、神にゆだねるのです。それによって、わたしたちは神の創造のみ業に参与することになります。

パウロがここで言っていることは、「これでいい、これで救われると思っていたわたしを、キリストは全部粉々に砕いてしまわれた。そして、その砕かれたわたしをキリストの前に置いた時に、神の創造が始まった」ということです。それは、新しい人、霊の人、光の子と呼ばれます。そしてついには、神をアッバ（父）と呼ぶことができる関わりに導かれるのです。回心前のパウロは、人間として、信仰者として完全に生きようとした人でしたが、キリストに出会った時、それは崩され、砕かれてしまったのです。そこから、神による再創造が始まったのです。

パウロの謙虚さ

パウロを語るときに、その熱意、愛、勇気、知識が強調されます。確かにそうです。しかし、パウロには謙虚さがあることを忘れてはなりません。パウロの心を大きく占めていたのは謙虚さだと思います。謙虚な姿とは、自分で「わたしはつまらない、何もできない、卑しい、小さな者である」などと言うことではありません。パウロは次のように言うのです。

次いで、ヤコブに現れ、その後すべての使徒に現れ、そして最後に、月足らずで生まれたようなわたしにも現れました。わたしは、神の教会を迫害したのですから、使徒たちの中でもいちばん小さな者であり、使徒と呼ばれる値打ちのない者です。神の恵みによって今日のわたしがあるのです。

（一コリント15章7－10節）

月足らずで生まれたような者、教会を迫害していた者、罪を犯した者だとパウロが自覚していたからこそ、「神の恵みによって今日のわたしがあるのです」と言えるのです。これが彼の謙虚さです。ペトロの場合も同じです。ペトロは、三度「わたしはイエスを知らない」と言ってイエスを裏切ってしまいました。しかし、この体験によって、ペトロに愛の告白が生まれ、弟子たちの確固とした頭になることができたのです。ペトロにはいつも、自分はキリストを裏切った者だという自覚があったでしょう。そこにペトロの謙虚さがあるのです。そのペトロをキリストの愛が捕らえ、そして教会の礎にしたのです。

パウロは、ユダヤ主義のキリスト者に対して強い調子で反発しています。彼の謙虚さを見ていくうえで、そういうパウロを知ることも大切だと思います。彼の言葉を見ていきましょう。

「わたしたちのことを肉に従って歩んでいると見なしている者たちに対しては、勇敢に立ち向かうつもりです」（二コリント10・2）。

肉に従って歩むということは、自分中心に生きることで、神中心の生き方をしていないということです。

さらにパウロは言います。

「誇る者は主を誇れ」（二コリント10・17）。

これは、自分中心ではない、神中心の生き方を言っています。自分の誇りをすべて捨て、誇るものがあるとすれば、キリストに結ばれた者としてキリストを誇りなさいということです。

「わたしにとって、生きるとはキリストであり、死ぬことは利益なのです」（フィリピ1・21）。

パウロは、生きているのはわたしではなく、キリストなのだという心境になっていくのです。

パウロは、「キリストに出会い、回心して自分は変わった。そして命をかけて働いた。神は大きな恵みをくださった。しかし、自分は使徒たちの中で最も小さい者、取るに足りない者だ」ということを自覚しているのです。

幼きイエスのテレジアもそうです。彼女は、神が自分を愛で満たしてくださっている、その神の憐れみに気づいていました。しかし一方では、自分は最も小さい者であるということも確信するのです。テレジアがいつも見つめていたものは神、キリストですから、彼女は自分の小ささに気づきます。しかし、そこにとどまるのではなく、それを神の前に置くのです。彼女がそのように思えたのは、自分の小ささ、足りなさということを、キリストを見る目、神を見る目の深さ、厳しさの中で見つめたことによってなのです。

パウロやテレジアがこのような謙虚さを持つことができたのは、キリストを見つめ続け、決してキリストから目を離さなかったからです。わたしたちも自分の弱さや足りなさ、つまらなさだけを見ていくのではなく、神を見つめ続けなければならないのです。

アダムとエバを見てみましょう。彼らは、木の実を食べると神のようになれるという蛇の誘惑に負けてしまいます。それまではいつも神を見つめ続けていたのに、その時から自分を見つめ、自分から光が出ると思ってしまい、神の光を閉ざしてしまったのです。そこに彼らの罪がありました。もし、彼らがいつも神を見つめ続け、神から目をそらさなければ、自分の中に光り輝くものがあっても誇ることはなかった、自分が神ではないかと思うこともなかった、決して罪を犯すことはなかったのです。

人祖であるアダムとエバの罪を、人間はずっと繰り返してきました。人間の歴史を貫くものの一つは、人間が神になりたいと思う誘惑に打ち勝てないことです。

それがいろいろな形をとって現れてくるのです。現代において、科学の力を含む人間の力を謳歌して、人間は何でもできるという思い上がりがあり、それが人間をだめにしてしまっているのです。

わたしたちには、神を信じ、愛し、神に近づいていると思えば思うほど、ふっと神から目をそらして自分を見つめてしまう危険性があります。信仰が深まれば深まるほど、自分の小ささを知り、わたしたちは謙虚にならなければなりません。謙虚になるということは、いつも神を見つめているということです。神から目をそらしたとたんに、人間はだめになります。人間が本質的に必要とするもの、それは謙虚さです。謙虚さがなくなってしまうと、人間が人間でなくなるのではないかとわたしは思っています。

謙虚さという言葉は、ただ単にへりくだるという意味ではなく、神を見る目の深さと言えるでしょう。いつも神から目をそらしてはいけません。例えば、食事の準備、掃除、洗濯、そのような日常生活の中でも神を見つめる生き方があると思います。それは神を思う心の動きです。キリストに捕らえられてからのパウロは、決してキリストから離れることはありませんでした。いつもキリストを見つめ続け、そしてキリストを通して神を見続けたのです。もしパウロがそこから目をそらしたとすれば、その途端に、彼の人生はまったく変わっていたことでしょう。幸いに彼は決して目をそらすことはなかったのです。これが彼の謙虚さだとわたしは思います。パウロはそこから離れることがなかったからこそ、偉大なことができたのだと思います。

わたしたちも同じだと思います。パウロのようにわたしたちが偉大なことをするということではありません。偉大なことをしてもしなくても、そんなことは関係ないのです。それは神がしてくださるだろうと思います。神のみ手に自分のすべてをゆだねること、神の好きなようにしていただくことです。すべてはそこから始まります。それこそが、パウロがわたしたちに教えてくれたキリストとの関わりではなかったかと思います。

おわりに

皆さんには、今日の話を通してパウロの心を感じ取っていただきたいと思います。それが、「いつもキリストを見る」という、キリストに捕らえられたパウロの心を持つことになるのではないでしょうか。神に信頼し、神の前に自分を置くのです。そうすれば、神は自由に皆さん一人ひとりに何かしてくださるのです。自分が立派であるか、自分がつまらない人間であるか、徳があるか、罪人であるか、そんなことは問題にならなくなります。神の前に、そのまますっと「はい、これがわたしです」と置けば、神はわたしを抱きしめ、包み込んでくださるでしょう。ただ目をそらさず、精いっぱいキリストを見つめ続けることです。自分が立派だと誇る必要もないし、また、つまらない人間だとがっかりする必要もないのです。わたしはキリストを見つめていたい、キリストに捕らえられていたい、それだけでいいのではないでしょうか。

　わたしたちのキリストを見る目、まなざし、そこからあふれてくる何かが人々への光となるのであれば、光となるでしょう。光になるかならないか、証しになるかならないか、それは神のなさることです。

　キリストに捕らえられたパウロは、命をかけてキリストを証ししていきました。わたしたちもパウロのように、いつもキリストを見つめ続け、そしてキリストを伝え、証ししていけるように願っていきましょう。

わたしたちは信仰によって義とされた

聖パウロ修道会司祭　澤田　豊成

はじめに

今日のテーマである「信仰によって義とされた」という表現は、ローマ書とガラテヤ書にありますが、わたしたちにはあまり親しみがわかないのではないでしょうか。神からわたしたちに対してなされる働きかけについて、わたしたちはさまざまな表現を用います。例えば、「神はわたしたちを救ってくださる」、「わたしたちの罪をゆるしてくださる」、「わたしたちに永遠の命を与えてくださる」

などです。それぞれに好きな言葉、親しみのある言葉があるでしょう。その一方で、「わたしたちは神によって義とされたのです」という表現を聞いて、喜びがわく人はあまりいないのではないでしょうか。司祭も「義とされる」という表現を用いて話すことは少ないように思います。日本語の「義」という言葉に、なんとなく堅苦しさを感じるからかもしれません。

新約聖書にはパウロの手紙とされているものが十三ありますが、その中でパウロ自身が書いたことがほぼ確実だと考えられている手紙は七つです。書かれた順番は明確ではありませんが、聖書に収められている順番では、「ローマの信徒への手紙」、「コリントの信徒への手紙」の一と二、「ガラテヤの信徒への手紙」、「フィリピの信徒への手紙」、「テサロニケの信徒への手紙」の一、そして「フィレモンへの手紙」です。この七つの手紙の中でローマ書だけが、パウロが設立したのではない、そしてまだ行ったことのない教会に宛てられたものです。ですからローマ書では、パウロは誤解のないように受け入れてもらえるように、総合的な形で記そうと努力しています。しかし、ほかの手紙は具体的な問題について書き記しています。

冒頭に述べたとおり、これらの手紙の中で、パウロが「信仰によって義とされる」という表現を繰り返し強調しているのは、ローマ書とガラテヤ書の二つだけです。フィリピ書でも、この表現は重要なテーマとして出てきますが、ローマ書やガラテヤ書ほどには中心に置かれていません。しかし、それは、「信仰によって義とされる」ということが具体的に問題になっていない教会に対しては、あえて強調する必要がなかったためであると考えられます。いずれにせよ、パウロがキリストとの関わりを表すうえで、「信仰によって義とされる」という言葉を最もふさわしいものと考えて使ったことは確かなのです。むしろ、ローマ書とガラテヤ書の中で「信仰によって義とされる」というテーマがどのように扱われているのかを見ることによって、わたしたちはこのテーマがパウロのキリスト理解の中でどこに位置づけられるのかを学ぶことができるのではないかと思います。

「信仰によって義とされる」というテーマを述べるにあたって、もう一つ触れておかなければならないことがあります。それは、教会の歴史上、この表現がカトリックとプロテスタントの対立の一つの象徴のように見なされてしまったということです。ルターは、「人は信仰のみによって義とされる」ということを、キリストがもたらしてくださった福音の中心に置きました。一方、カトリック教会は、「信仰だけではなく、やはり愛の行為が必要なのだ」と反論しました。当時の状況の中で、誤解や曲解が生じていったのだろうと思います。今わたしたちは、もう一度パウロに立ち返り、「信仰によって義とされる」という表現の意味、その深さ、そのすばらしさを学んでいきたいと思います。

ガラテヤの教会の状況

ところで、パウロの手紙のほとんどは、最初の挨拶、祝福の言葉のあとに感謝の言葉が述べられています。この感謝の言葉は、宛先の人たちに対するものではなく、彼らのことを思いながら神に祈り、「わたしは神に感謝しています」という意味で書いているものです。あなたがたがこんなすばらしいことをわたしにしてくれたので、わたしは喜んで神に感謝しますと書いたのです。パウロは、神がその人を通して、またその人の中にすばらしい業を実現してくださったということを知っていますから、神に感謝するのです。

しかしガラテヤ書は、冒頭に感謝（あるいは、慰めや励まし）を表す言葉を記していません。書くことができないパウロがいるのです。あえて省くというよりも、ガラテヤの教会を前にして、神に感謝することができないのです。それほどガラテヤの教会の問題は深刻だったということです。なぜなら、ガラテヤの教会では「人は信仰によって義とされる」という教えが覆されてしまっているからです。そのことをパウロは、かなり辛辣な言い方で記しています。

パウロがガラテヤの教会を設立し、そこにパウロを通して福音の種が蒔かれ、キリスト者の共同体が誕生しました。ところが、使徒言行録に記されているように、どこの共同体にもパウロのあとに入って来て、パウロとは違うことを言うキリスト者がいました。彼らはユダヤ主義的なキリスト者であり、かなりの勢力を持っていたようです。彼らの主張は、割礼を受け、律法を忠実に守ることを通してでなければ、キリストの救いにあずかることはできないということでした。

今のわたしたちであれば、そのように言われても誰もなびかないでしょう。しかし当時はそうではありませんでした。それは、旧約の神と新約の神が同じ唯一の神だからです。律法を与えてくださった神と、キリストを通して救ってくださる神は同じですから、当然、ユダヤ人でキリスト者となった人たちは、「同じ神から与えられたすばらしい賜物であるならば、律法とキリストはどちらも大切なものではないだろうか」と考えました。そこで、異邦人も律法を守り、割礼を施されることを通して、キリストの救いにあずかるはずであるというような主張がなされました。異邦人でキリスト者となった人たちの間では、自分たちにまだ欠けているものがあると言われれば、そちらになびく人も多かったのでしょう。しかも、パウロのようにイエスが亡くなった後に宣教者となった人ではなく、エルサレムから来たキリストの直接の弟子たちがそう主張しているのであればなおさらのことです。「それなら、もう一つのすばらしい賜物である割礼を受けようではないか」と言って、多くの人たちが異邦人でありながら割礼を受け、律法を受け入れていったのでしょう。こういう状況が、当時のガラテヤの教会に生じていました。

それに対してパウロは、怒っている人の典型的な特徴、つまり自分の言葉がどう受け止められるかということは考えないで、つい口走ってしまったような言葉をガラテヤの教会に書き送っています。パウロにとっては、それだけ重大な問題だったということです。それがよく表れているのがガラテヤ書の冒頭にある言葉です。

キリストの恵みへ招いてくださった方から、あなたがたがこんなにも早く離れて、ほかの福音に乗り換えようとしていることに、わたしはあきれ果てています。ほかの福音といっても、もう一つ別の福音があるわけではなく、ある人々があなたがたを惑わし、キリストの福音を覆そうとしているにすぎないのです。
（ガラテヤ1章6－7節）

福音はほかにありえないはずですから、「ほかの福音」と言ってはいけないはずです。しかしパウロは、ついそういう言い方をしてしまったのです。それでパウロは、「ほかの福音」と言ったけれども、そういう福音はあるわけはない、それをあなたがたは福音というふうに受け入れているだけなのだと言い直しています。ここでパウロが言いたいことは、「キリストの福音を覆してしまっている」ということです。明らかにパウロはあきれ果て、何ということだろうかという思いで記しています。「信仰によって人は義とされる」ということが否定されれば、福音そのものが覆されてしまうと言っているのです。これは福音の根本に位置することであり、パウロにとっては決して二次的なことではないということです。ここでパウロという人物について少し見てみましょう。パウロは、わたしたちが思っている以上に寛大で、忍耐強く、対話の精神にあふれた人です。パウロは必死になって人々と関わり続け、決して相手を切り捨てたり、見放したりすることはありません。例えば、コリントの教会はパウロが設立した教会です。ところが、そのコリントの教会の信徒たちがパウロに敵対し、パウロを追い出すのです。その時、パウロはコリントの信徒たちを見放すのではなく、彼らと対話を繰り返していきます。その対話がコリントの信徒への手紙です。そういう意味で、パウロという人物は非常に開かれた人であり、相手の意見が自分と違うからといって、相手を切り捨てたり、簡単に否定したりしないで、相手の多様な生き方を認める人です。しかし、もし、それがキリストの福音を覆すもの、神の計画を台無しにしてしまうものであれば、パウロは決して譲ることをしません。徹底して反論するのです。

39　ガラテヤの教会の状況

コリントの教会とガラテヤの教会は、どちらも問題が山積している状況でした。コリントの教会は、福音の理解が十分ではなく、福音以外のことを求めているような状況でした。だから、パウロは何とかしてコリントのキリスト者たちを立ち返らせようと手紙を書きます。一方、ガラテヤの教会は、キリストへの信仰以外の要素を必要不可欠なものと主張することで、キリストの福音を根底から覆しているにもかかわらず、そのことに気づいていない状況にありました。そこでパウロは、信仰以外のものを必要とすることが何を意味するかについて、ガラテヤの信徒への手紙の中で繰り返します。

もし、人が律法のお陰で義とされるとすれば、それこそ、キリストの死は無意味になってしまいます。
（ガラテヤ2章21節）

もし〔あなたがたが〕割礼を受けるなら、あなたがたにとってキリストは何の役にも立たない方になります。
（ガラテヤ5章2節）

律法によって義とされようとするなら、あなたがたはだれであろうと、キリストとは縁もゆかりもない者とされ、いただいた恵みも失います。

（ガラテヤ5章4節）

「キリストへの信仰以外に、律法を必要とし、割礼を受けることが必要なのだと主張すれば、キリストの死は無意味になってしまいます」とパウロは言うのです。わたしたちの信仰のよりどころは、キリストの死と復活にあります。ですからパウロは、ガラテヤの教会の信徒に対して、「律法によって義とされようとするなら、あなたたちはキリストの死を否定している、何の意味もないことだと言っているに等しい」と言うのです。

パウロは、ガラテヤの教会で起こっている問題は、非常に重大で、わたしたちの救いの根本に関わる問題であり、キリストの福音の根本が揺らいでいると主張するのです。

義とされる

ところで、「義とされる」とはどういうことなのでしょうか。新共同訳聖書では、「義」という言葉、「義とされる」という表現は、一つの専門用語、言い換えることのできない重要な用語として訳されています。しかし、カトリックの聖書の翻訳の歴史では、必ずしもそうではありませんでした。例えば、フランシスコ会聖書研究所訳の聖書では、「義」という表現を日本人に分かりやすいように訳す努力がなされており、「神の前で正しい生き方」、「神の前でふさわしい生き方」、「神の前でふさわしい者と認められた」などの表現で訳し直されています（注：本講座は、旧約・新約全聖書の合本が二〇一二年に発行される前になされたため、当時の分冊および新約聖書のみの合本の翻訳について述べました。現在、発行されている合本では、「義」、「義とされる」という訳語に統一されています）。

今日の日本の状況とは異なり、当時のユダヤ人にとって、「義」という言葉は日常生活でも使われており、道徳的、宗教的言葉に限定されるものではありませんでした。それは「正しさ」であり、何らかの基準に合致していること、道徳的にふさわしいこと、宗教的にふさわしいことでした。

しかし、いずれの場合も、正しさを判断するためには基準が必要です。パウロが「義とされる」と言うとき、基準は神です。人が「義とされる」ということは、神にとってふさわしい者とされることです。神のみ心にかなった生き方、神がわたしたちに望んでおられる生き方をしているかどうかが問われるのです。一方で、この「正しさ」を妨げるのは人間の罪です。ですからパウロは、「義とされる」という表現と「神と和解させていただく」という表現を結びつけているのです。

ここで、マタイ福音書5章のイエスの言葉を見てみましょう。「あなたがたの義が律法学者やファリサイ派の人々の義にまさっていなければ、あなたがたは決して天の国に入ることができない」（5・20）。ファリサイ派の人々や律法学者たちの義の基準は律法でした。しかし、この律法を超える方イエスが、律法を完成するために来られました。イエスという基準が律法という基準を超えているので、今までの正しさでは釣り合わない、それがこの言葉の意味です。基準がいかに大切かを言い表している言葉です。

律法の行いによるのではなく、信仰によって

福音書の中では、イエス・キリストの敵対者としてファリサイ派の人々や律法学者たちがたびたび登場します。このためでしょうか、わたしたちキリスト者は、「律法」という表現を聞くと、ネガティブで、キリストへの歩みを妨げるものというイメージを持ってしまいがちです。しかし実際には、旧約のイスラエルの歩みの中で、「契約」と「律法」は、神が人間に与えてくださった最もすばらしい賜物の一つでした。神がわたしたちの主となってくださり、わたしたちをありとあらゆる恵みで満たす関わりへと招き入れてくださった。これが、わたしたちが契約と呼んでいる賜物です。神と人間という、天と地以上に離れた関係にありながら、神はわたしたちと契約を結び、それを継続していくことを無条件に申し出てくださったのです。

しかし、人間の側には重大な問題がありました。確かに恵みの関わりですが、もともと天と地ほど離れているわけですから、神にふさわしい生き方がどういう

生き方なのかは、人間の側からはまったく分かりません。そこで困り果ててしまっている人間に、神は、このように生きればいいのだという教えを残してくださいました。それが、わたしたちが律法と呼んでいるものです。「律法」と訳されているヘブライ語は、掟という意味に限定されるわけではなく、生き方の方向づけ、あるいは教え、生活の知恵に至るまでの広い意味を持っています。聖書は、ギリシャ語に訳されていく段階で、あるものは分かりやすくなり、あるものは意味が固定されてしまうという翻訳の歴史を歩んできました。律法というのは、もともとは掟ではないのです。神自らが記してくださった、神の前にふさわしくあるための生き方、指針なのです。

律法は、このように神の賜物、神ご自身が示してくださった指針ですから、それを守れば当然神の前でふさわしい生き方をすることになるはずです。実際に、旧約において、ユダヤ人たちはそのように信じてきました。しかし、パウロは「信仰によって義とされる」と言い、同時に「律法の行いによって義とされるのではない」と言います。一方で、「律法の行いによって義とされる」ということは、復活のキリストに出会う前のパウロが信じていたことであり、またガラテヤの信徒たちが割礼を受け、律法を守ることを受け入れることによって表明した生き方でした。それに対して回心したパウロは、はっきりと「そうではなく、信仰によって義とされる」と言うのです。

「信仰によって義とされる」のか、「律法の行いによって義とされる」のか、これは本当に識別が難しい問題です。神の前でふさわしい生き方が、神ご自身が示してくださった律法に示されているとすれば、なぜ律法を守ることで義とされないのか。パウロはこの難問に答えなければなりませんでした。

ローマ書1章から4章までは、キリスト以前の歴史について記しています。パウロはその中で、ユダヤ人も異邦人もどちらも罪の状態にあり、人が義とされることはなかったと述べています。神は聖なる方ですから、このような神の前では、誰ひとりふさわしくない状態にあり、義とされないということです。しかし、パウロがこのように記すのは、キリストに出会い、信仰によって義とされるという体験をしたからです。だから、信仰によらずには、誰ひとりとして――たとえ、律法を順守したとしても――義とされることはなかったと結論づけるのです。この意味で、ローマ書を読むときの分かりやすい読み方は、まず5章から8章までの、パウロがキリストによってどう変えられたかという自らの体験に基づく理解を記している部分を先に読んで、次に1章から4章までの、キリストに出会う以前は誰ひとり義とされることはなかったという部分を読むことです。

繰り返しになりますが、パウロは、「信仰によって義とされる」ことを「律法の行いによって義とされる」ことの対極に置いています。律法の行いとはいったい何か、これは大きな議論の的になっています。ガラテヤ書だけを読むと、第一に念頭に置かれているのは、「割礼を受ける」ということです。しかし、律法が規定するさまざまな祭儀規定を律法の行いだと理解する人もいます。律法は、イスラエルの罪のために祭司がいけにえをささげるための諸規定を定めているからです。律法の規定に従い、清めの儀式、和解の儀式で、祭司の手を通していけにえがささげられることによって、人は神の前にふさわしい者とされると考えられていたとの主張です。

例えば、イエスの誕生後、マリアの清めの期間が過ぎた時、両親は最初の子イエスを神にささげるために神殿に行きます（ルカ2・22―24参照）。典礼上、現在「主の奉献」として祝われる日は、以前はマリアの清めの日と呼ばれていました。出産は出血を伴うので、汚れが生じると理解されていました。血は汚れの象徴だったからです。ですから、子供を産んだ女性は、清めのためにある一定期間を置かねばならず、その後、律法の規定に従い、儀式を通して清めの証明をしてもらう必要がありました。律法の規定に従って儀式が行われることによって、神がそれを認めてくださると受け止められていたのです。確かに、このような祭儀の実行は、律法の祭儀規定を守ることによって、人が神の前にふさわしい者と認められると考えられていたことを示しています。

パウロも、祭儀用語を用いながら、神は信じる者を義とするために、キリストを彼らの罪を償ういけにえとされたのだと説明します。しかし、パウロがガラテヤ書やローマ書で具体的な律法の規定に言及するとき、それは祭儀的な規定ではなく、むしろ道徳的な規定の場合がほとんどです。例えば、「あなたは他人には教えながら、自分には教えないのですか。『盗むな』と説きながら、盗むのですか。『姦淫するな』と言いながら、姦淫を行うのですか」（ローマ2・21–22）、あるいは「律法が『むさぼるな』と言わなかったら、わたしはむさぼりを知らなかったでしょう」（ローマ7・7）などです（律法が罪を禁じていなかったら、人は罪を知らなかったはずだ、とはパウロの究極的な皮肉と言えるでしょう）。したがって、「律法の行い」とパウロが言うとき、それは「盗むな」、「むさぼるな」などという道徳的規定を含めた、人間の行い全般に関する律法の規定全体を言っていたのだろうと考えられます。

その一方で、ローマ書では、これをユダヤ人の枠を超えて異邦人にまで広げています。「たとえ律法を持たない異邦人も、律法の命じるところを自然に行えば、律法を持たなくとも、自分自身が律法なのです。こういう人々は、律法の要求する事柄がその心に記されていることを示しています」（ローマ2・14―15）。異邦人も良心に従えば、正しい行いをすることができるはずであるという言い方をしています。つまり、パウロは「律法の行いによるのではなく……」と言うとき、究極的には律法に基づくか良心に基づくかはともかくとして、人間の側の正しい行い全般のことを念頭に置いていたのでしょう。しかし、「律法」も「良心」も、神のみ心にかなった生き方を示すものであるとしても、またそれがどれほどすばらしい生き方であったとしても、人間の側の行いによってでは、神の前に義とされることはない、これがパウロの理解なのです。だとすると、「信仰によって義とされる」と言っても、それは信じるという「人間の行為」によって義を勝ち取るという意味ではないということです。

無償で

「信仰によって義とされる」とは、人間の側から何らかの代償を払うのではなく、「無償で」、「ただで」神から受けるということです。もちろん、信じるという人間の行為も必要となるのですが、わたしたちを義としてくださるのは、あくまでも神なのです。わたしたちがどんなにすばらしい働きや生き方をしたところで、自分の力だけでは、永遠に神の前にふさわしくあることはできません。神こそが、キリストにおいて、無償でわたしたちをふさわしいものとしてくださったのだとパウロは言うのです。

では、どういうふうにして義とされるのでしょうか。パウロが「無償で」という表現を使うときに、必ず結びつけられる表現があります。それは、キリストの死と復活、特にキリストの死です。これがローマ書3章に非常に明確に表されています。

人は皆、罪を犯して神の栄光を受けられなくなっていますが、ただキリスト・イエスによる贖いの業を通して、神の恵みにより無償で義とされるのです。神はこのキリストを立て、その血によって信じる者のために罪を償う供え物となさいました。それは、今まで人が犯した罪を見逃して、神の義をお示しになるためです。（ローマ3章23―25節）

パウロは、わたしたちをふさわしい者と認めてくださる神の恵みがイエス・キリストの十字架上の死によって与えられた、と考えています。しかし、それだけでわたしたち皆が義とされるわけではありません。神は確かに、キリストの死と復活を通してわたしたち皆を正しい者とする恵みを注がれました。しかし、この実りは、キリストがわたしたちの内に入って来られてこそ実現するのです。パウロは明らかに、キリストを外におられる方としてではなく、自分の内に入って来られ、自分の内で生きておられる方として感じています。ここにこそ、パウロの言う「信仰によって義とされる」ということの中心的な意味があると思います。

なぜ信仰が必要なのでしょうか。それは、神がわたしたちの考えや、わたしたちの自由な働きを無視して、ご自分だけで救いの業を成し遂げようとはなさらないからです。神は、わたしたちを強制して救いにあずからせようとはなさいません。神は、わたしたちを自由な者として造られ、ご自分の対話の相手として望まれました。神は今も変わることなく、そのようにわたしたちと関わってくださいます。「信仰によって」というのは、わたしたちが信じることによって神を受け入れる、キリストを受け入れるということです。わたしたちがキリストを受け入れることによって、キリストはわたしたちの中に入って来られ、わたしたちの中で生き、わたしたちの中で十字架の死と復活の実りを輝かせてくださるのです。これが、パウロにとって「信仰によって無償で義とされる」ということです。

このことをよく理解しないと、まるで人間が信仰によって正しさを勝ち取ることができるかのような理解に陥ってしまいます。そうではなく、神との和解の恵みは、キリストの死を通してもたらされるのです。しかしそれは、神の望みにより、わたしたちがキリストを受け入れ、キリストがわたしたちの中で生きてくださることによって初めて実現するのです。

パウロは、自分が神の前でふさわしい者ではないことを、しばしば「わたしは弱い」という表現で表しています。人間は自分の力によって神の前でふさわしい者となることはできません。それをパウロは、律法の行いによって人は義とされることはないと言っているのです。

これに対し、パウロの信仰によって、キリストがパウロの中に入って来られ、パウロの中で生きてくださるので、父である神は、このパウロをキリストのゆえに正しい者と認めてくださいます。わたしは神の前にふさわしい者ではないけれども、わたしの中に生きてくださるキリストが常にわたしの中で働き、生き続けてくださり、このキリストが神の前にもふさわしい方なので、キリストゆえにわたしは義とされます。これが、「信仰によって義とされる」という意味なのです。

生きているのは、もはやわたしではありません。キリストがわたしの内に生きておられるのです。わたしが今、肉において生きているのは、わたしを愛し、わたしのために身を献げられた神の子に対する信仰によるものです。

（ガラテヤ2章20節）

キリストが霊のかたちでわたしたちの中に入って来られ、わたしたちの中で生きてくださることによって、父なる神はキリストの内に、わたしたちと切り離すことのできない深い関わりを結んでくださいます。そのプロセスの中に信仰があり、その実りとして、わたしたちは正しい者とされていくのです。

わたしたちの救いへの歩みはまさに、このキリストとの内的で切り離すことのできない関わりにおいて保証されています。わたしたちの生き方がキリストと切り離されてしまい、縁もゆかりもない者となってしまえば、つまり、もしわたしたちの中にキリストが生きておられないのだとすれば、わたしたちは、どんなにすばらしい生き方をしても、永遠に、神の前にふさわしい者と認められることはありません。パウロは、これほど明白なことはないではないかと言うのです。

パウロ自身は、義とされたことで救いへの歩みが完成したと考えているわけではありません。パウロは、ダマスコ途上でキリストに出会いました。自分の内側に入って来られたキリストに出会い、信じて、キリストのゆえに義とされたのです。ここが、パウロのキリスト者としての歩みの出発点です。義とされるという表現を使うときに、パウロが意識しているのはこの出発点なのです。その一方で、パウロは終わりの時を「栄光」という言葉で表しています。パウロにとっての救いの完成は、義とされることではありません。キリストを信じ、キリストを受け入れることによって、人は正しい者と認められますが、それでキリスト者としての歩みが終わるわけではなく、そこから始まるのです。

キリストのほうからその人の中に入って来られ、その人の中で生きてくださるのですから、それ以後、その人の中ではキリストが力強く働いてくださるようになります。だから、信仰によって義とされた人は、キリストに突き動かされ、キリストと共に歩まないではいられないはずです。確かに、神が人を義としてくださるのですが、それ以降、その人はキリストと一つになった存在として、キリストのみ心に従いながら生きないではいられないはずなのです。

神の子、神の相続人

キリストが今や自分の内に生き、働いてくださる。パウロはキリストとの深い内的な関わりから、「義とされる」ことの意味をさらに深めていきます。人は、神と和解させていただくだけではありません。

あなたがたが子であることは、神が、「アッバ、父よ」と叫ぶ御子の霊を、わたしたちの心に送ってくださった事実から分かります。ですから、あなたはもはや奴隷ではなく、子です。子であれば、神によって立てられた相続人でもあるのです。

（ガラテヤ４章６―７節）

洗礼を受けたわたしたちは、キリストと共に「神の子」とされました。信仰によって義とされた人は、キリストとの生きた関わりによって、もはや単なる人間の歩みではなく、常にキリストが内に働いてくださる歩みを生きるようになります。キリストが、パウロの中に入って生きておられ、霊としてずっと働いておられるかぎり、このキリストの存在、内的働きかけは、パウロにとって終わりの時に実現するはずの栄光の保証ともなるのです。確かに、まだこの栄光は与えられていないのですが、中で生きておられるキリストのゆえに、この栄光はすでに保証されているのです。これをパウロは、「わたしたちは神の子供です。もし子供であれば、相続人でもあります。神の相続人、しかもキリストと共同の相続人です」（ローマ8・17参照）という表現で端的に表しています。わたしたちは、洗礼によって、神の子供とされ、神の子供として歩むのであり、それゆえ、終わりの時にはキリストと共に神の栄光をすべて受け継ぐのだと、パウロは言うのです。

このように、パウロは神の栄光を受け継ぐ終わりの日までの歩みを見つめています。それがローマ書5章に表されています。

このように、わたしたちは信仰によって義とされたのだから、わたしたちの主イエス・キリストによって神との間に平和を得ており、このキリストのお陰で、今の恵みに信仰によって導き入れられ、神の栄光にあずかる希望を誇りにしています。それればかりでなく、苦難をも誇りとします。わたしたちは知っているのです、苦難は忍耐を、忍耐は練達を、練達は希望を生むということを。希望はわたしたちを欺くことがありません。わたしたちに与えられた聖霊によって、神の愛がわたしたちの心に注がれているからです。

（ローマ5章1―5節）

パウロは、「わたしたちは信仰によって義とされたのだから」と言います。「だから」と言うのですから、「義とされた」ことには結果が伴うということです。大切なのは、義とされたこと以上に、そこから生み出されていく歩みです。「神の栄光にあずかる希望」というのは、終わりの時に与えられる栄光にあずかる希望ということです。そして「苦難をも誇りとしています」とあります。パウロは、義とされることから始まって、苦難が希望へと導かれていく連鎖のプロセス――苦難、忍耐、練達、希望――を見つめているのです。

それは、自らのふさわしい歩みによって救いを勝ち取らなければならないという意味ではありません。キリストがわたしたちの中に入って来てくださり、わたしたちを内側から突き動かし、栄光へと駆り立ててくださいます。だから、わたしたちもこのダイナミズムを意識しながら、わたしたちの中でキリストが働きやすいように、歩みを進めていく必要があるのです。そうでないと、キリストがわたしたちの中で働くことができなくなってしまう、つまり、わたしたちがキリストの働きを妨げてしまうからです。

パウロは、ガラテヤの教会に対して次のように述べています。


わたしの子供たち、キリストがあなたがたの内に形づくられるまで、わたしは、もう一度あなたがたを産もうと苦しんでいます。（ガラテヤ4章19節）

パウロは、キリストがガラテヤの教会の信徒たちの中で生き、働いてくださるためにこそ、彼らに福音を伝えました。このことを、パウロは彼らを福音において「産み出した」と表現しています。それなのに、今やキリストは彼らの中で働くことができなくなっています。彼らが、キリストの福音から離れてしまい、内なるキリストの働きに協力しないからです。だからパウロは、キリストが彼らの内に形づくられるまで、もう一度、福音において彼らを産み直そうと言うのです。

「信仰によって義とされた」わたしたちは、「信仰によって栄光を受け継ぐ」まで、わたしたちの中に生きてくださるキリストの働きに支えられながら、このキリストとの内的関係を生き続けるよう突き動かされるのです。

ヤコブの手紙に見る「義とされる」

カトリックとプロテスタントの間で、常に取り上げられてきた問題がヤコブの手紙2章とパウロの手紙との関係です。ヤコブは、かなり強い言葉で、「人は行いによって義とされるのであって、信仰だけによるのではありません」（ヤコブ2・24）という主張を繰り広げています。また、「魂のない肉体が死んだものであるように、行いを伴わない信仰は死んだものです」（ヤコブ2・26）と言います。ヤコブはパウロの教えを意識しながら反論を試みているようです。

パウロは、「信仰によって人は義とされる」ことを証明するために、アブラハムを模範として用います。それに対してヤコブは、ヤコブの手紙2章23節で、パウロが用いたのと同じ箇所、すなわち創世記の言葉、「アブラムは主を信じた。主はそれを彼の義と認められた」（15・6）を引用します。ヤコブは、アブラム（アブラハム）がその子イサクを神にささげるエピソードから結論づけ、彼の信仰が行いによって示されたので、彼は義とされたと言っています。

パウロは、アブラハムがモーセのはるか以前に存在したこと、したがってモーセの時代に与えられた律法がアブラハムの時代にはまだ存在していなかったことから結論づけて、「アブラハムが信じて義とされたのだとすれば、律法は義とされるために必要ではない」と言います。それに対してヤコブは、アブラハムが信仰によって正しい者と認められたのは、イサクをささげるという行いによって彼の信仰が示されたからであって、だから行いによらない信仰は意味がないと言うのです。

このように同じ新約聖書の中で、パウロは「信仰によって義とされる」と言い、ヤコブは「行いによって義とされる」と言っています。わたしたちとしてはどちらを受け止めればいいのか混乱してしまいます。ここで、わたしたちは一つの誘惑を避ける必要があります。それは、聖書の箇所を、書物の意図に反して無理に調和させるという誘惑です。時代状況の中で、ヤコブが何を念頭に置いて反論しているのかは明確でありませんが、少なくとも、信仰によってのみ人は義とされるという主張（行いは不要であるという、行き過ぎた主張？）に反論しようと意図していることは確かだろうと思われるからです。

そのうえで、いくつかの問題点に目を向けたいと思います。まず、ヤコブの手紙は信仰そのものを否定しているわけではないという点です。それどころか、ヤコブにとって信仰は必要不可欠なものです。救いは神からしか与えられないので、祈りと信仰を通してしか救いを受けることはできません。ヤコブが問題にしているのは、信仰のあり方です。信仰か行いかということではなく、信仰は当然必要なものとして、その信仰が、行いの伴わないものなのか、行いを伴うものなのかということを問題にしているのです。

ヤコブの手紙が重要視しているのは、一貫性、分かたれない心です。表面でやっていることと内面が違う、口で言っていることと実行していることが違う、表明している信仰と実際の生き方が違う、これではだめだという教えを説いているのです。ヤコブの手紙が言いたいことは、「信仰、信仰と言っていても、信仰から始まる生き方が一貫していなければ、どんな意味があるだろうか」ということなのです。

もう一つ、気をつけなければならない点は、ヤコブはパウロと同じ表現を使っていても、その意味するところは、必ずしも同じではないということです。まず「義とされる」という表現について考えてみましょう。すでに見たように、パウロにとって「義とされる」時は、キリスト者の歩みの出発点、すなわち洗礼を受け、罪がゆるされる時です。パウロが言う「信仰によって義とされる」とは、救いへと向かう歩みの出発点として、わたしたちの行いがわたしたちの罪をゆるすのではないと言っているのです。これはパウロ自身の体験でもあります。パウロは、自分が悔い改めて回心したから義とされたわけではなく、一方的にキリストとの出会いという恵みをいただき、それによって正しい者とされるという体験をしました。パウロにとって、信仰が与えられ、信仰によって義とされるということは、そこからキリストとの関わりに基づく生き生きとした歩みが始まるということです。ですから、出発点は信仰でも、この信仰がキリストに突き動かされた行いを生み出していきます。この意味では、パウロにとっても、行いが伴わない信仰というのは考えられないのです。

一方、ヤコブの手紙は、「義とされる」という表現（二回しか用いられていません）を永遠の命、終わりの時の救いという意味に使っています。ヤコブの手紙が言っているのは、行いの伴わない信仰では終わりの時に救いが得られないということなのです。

このことに関連して問題になるのは、「信仰」という言葉の意味です。ヤコブの手紙は明らかに、キリスト者としての歩みの原動力としての「信仰」を問題にしています。行いにつながらないキリスト者の信仰はありえません。もしあるとすれば、それは神からのものではありえないからです。しかし、パウロが「信仰によって人は義とされる」と言うときの「信仰」とは、キリスト者としての初めの段階の信仰です。それはキリストの死と復活を受け入れる、キリストを迎え入れる、キリストに身を任せるということです。パウロは、信仰がこのままでいいと言っているわけではなく、当然、この初期の信仰がキリストによって成長していくことを念頭に置いているのです。

おそらく、パウロの教えとヤコブの教えは、視点の違い、用語の意味の違いは明白ですが、必ずしも相反するものではないのでしょう。すでに指摘したように、ヤコブの手紙は信仰そのものの重要性は認めていますし、パウロも洗礼を受けてキリストに突き動かされた者がキリストにふさわしい行いをするようになることを当然のことと考えているからです。

おわりに

わたしは、むしろこの点からいくつかの教訓を学べると考えています。一つは、いかにわたしたちが同じ言葉を使いながら、違うことを考えているかということです。議論というのは、こういうところからねじれてしまいます。教会の歴史の中にもこれと同じことが見られます。「信仰によって義とされる」という表現で対立が起きたとき、まずは、ここで言われている「信仰」とは何を意味するのか、「義とされる」とはどういうことなのか、その言葉を用いた人が意図していたことを明確にする努力こそが互いに求められるのではないでしょうか。

もう一つは、表現のうえでは対立している二つの書物が、両方とも新約聖書の正典として認められたということです。わたしは、ここに教会の懐の深さがあると思うのです。長い目で見たとき、教会はこのように霊の導きに支えられた歩みをしてきました。歴史の中では、ヤコブの手紙が正典として認められるうえで、相当困難な歩みがあったことは事実です。しかし最終的に、教会はヤコブの手紙を排除するのではなく、神のことばとして受け入れていきました。

　自分の主張と異なる主張を、あまりにも簡単に排除してしまうという誘惑。教会もこの誘惑にさらされています。しかし、明らかな誤りでないかぎり、異なる主張も大切にする姿勢が必要なのです。

　この姿勢は、パウロの特徴でもあります。ガラテヤの教会においてキリストの福音を覆そうとしている事態に対して、断固として戦ったパウロの姿勢がある一方で、異なる主張があった場合、まずは相手に耳を傾け、相手の言うことを理解しようとするパウロの姿勢もあるのです。例えば、コリントの教会に向き合うときのパウロの姿勢がそうです。わたしたちはこの両方の姿勢を追い求めていく必要があります。そして、ここに教会の歩みの難しさもあるのです。

　いろいろな主張があるとき、それが福音の土台を揺るがすものなのかどうかを簡単に識別することはできません。しかし、ヤコブの手紙が長い歴史を通して正典として認められたということは、神との対話の中で、わたしたちが何をすべきか、どこに神の導きがあるのかを忍耐強く模索することが大切なのだということとを示しています。表面的な表現上の対立で相手を否定し合うのではなく、真の対話を続けていくことが大切なのです。

　パウロは、自分の弱さにもかかわらず、キリストによって神と和解させていただき、信仰によって義とされました。そして、自分の内側に生きておられるキリストに駆り立てられて、その生涯を全うしました。わたしたちも、パウロに学びながら、信仰によって義とされた者として、その信仰の喜びに駆り立てられて、忍耐強い対話のうちに歩み続けていきたいと思います。

だれが、キリストの愛から わたしたちを引き離すことができましょう

京都司教区司祭　北村　善朗

はじめに

今日のテーマとして取り上げる箇所は、ローマの信徒への手紙8章35節です。ローマ書はその長さと内容から、初代教会から今日に至るまで、すべてのキリスト教会の中で、福音書に次ぐ最も重要な書と見なされてきました。後代のキリスト教神学、特にキリスト論、恩恵論、原罪論、教会論に絶大な影響を与えた書物だと言えるでしょう。

ローマ書が書かれたのは紀元五五年頃です。パウロは紀元六四年頃にローマで殉教したと言われていますから、ローマ書はパウロが書いたとされる真正な書簡としてはかなり後期のものです。聖書において福音書、使徒言行録の直後にローマ書が置かれていることからも、初代教会、あるいは古代教会の中で非常に大切な書物であったことは確かです。ローマ書は、パウロの神学の集大成とも言える書簡で、信仰における義認、聖霊に関する教えなど、キリスト教信仰において本質的なものが数多く含まれています。

今日は、与えられたテーマ「だれが、キリストの愛からわたしたちを引き離すことができましょう」というパウロの叫びを味わっていきましょう。どのような状況の中でこの叫びが出てきたのか、パウロをそこまで言い切らせたものは何だったのか、パウロの体験の中に少しでも分け入って深めていければと思います。

わたしたちにとってパウロの体験は神秘であり、簡単に理解し、把握できるようなものではないでしょう。パウロはペトロと共に偉大な使徒と呼ばれています。当然、そのパウロとわたしたちの間には大きな相違点があります。しかし同時に、根本的とも言うべき類似点もあるのです。その類似点は、パウロが生前のイエスに出会ったのではなく、復活したイエスと出会い、洗礼の恵みを受けてキリスト者になったという点です。この点に関して言えば、わたしたちも同じだと言えます。

パウロの教えはイエスの福音をゆがめたものであり、それはパウロ主義であるとして、福音とパウロを対峙させる人たちがいることも確かです。しかし、パウロの神学は教会の教えそのものであり、パウロが言ったこと、体験したことは、すべてのキリスト者のためのものです。人々がパウロの教えを受け入れてきたのは、パウロの体験が自分たちの体験と通じるものだということを、信仰のセンスにおいて直感的に感じ取ったからなのです。

わたしたちは人生のどこかでキリストと出会い、洗礼を受けてキリスト者となりました。このことに尽きると思います。パウロもキリストと出会い、しかも本人が期待も予想もしないかたちで復活したイエスと出会ったのです。これがパウロにとって根本的なことであり、そしてわたしたちにとっても根本的なことだということです。

ローマ書に至るまで

パウロが実際に宣教し、創設した教会があります。その教会を去った後に、時間的にも物理的にも訪れることができなかったパウロは、その時々に起こってきた教会の問題を解決するために、必要に応じて手紙を書きました。それがパウロ書簡です。パウロは、いろいろな問題に対して人間的な方法で解決しようとしたのではなく、彼自身が受けた信仰の光のもとで、それらの問題に光を当てていったのです。たとえば、教会の信者同士でもめごとがあったときに、あなたがたは洗礼によって同じ一つのキリストの体となったのだから、お互いが争うことはキリストの体を傷つけることになるとパウロは言うのです（一コリント12章参照）。それは、人間的なその場限りの解決ではなく、神の光のもとで人間の本質に迫るものでした。ですから人々は、パウロの手紙を読んだ時に、真実なものとして受け入れていったのです。

また、パウロの手紙は、彼自身が受けた恵み、神体験の集約であるとも言えます。パウロにおいて、福音宣教の深まりは彼自身の霊的成長と比例しています。わたしたちにおいても同じです。キリスト者としての霊的成長がなければ、どんなに立派な活動であっても意味がありません。パウロにとっても、わたしたちにとっても本当に実り豊かな働きをするには、かなりの時間が必要なのです。その意味でパウロの宣教は、ローマでの殉教において最もよく果たされたと言えるでしょう。

パウロがローマ書を執筆した時、ローマはパウロにとって未踏の地でした。当時のローマは帝国の中心都市であり、パウロはいつかローマに行きたいと思っていたことでしょう。この手紙を書いた約三年後に、パウロはエルサレムで捕縛され、カイサリアで軟禁されます。そして六〇年頃、鎖に繋がれた福音宣教者として、パウロはローマの地に入ることになるのです。それに先立つ第三回宣教旅行の間（五二〜五八年）に、約三か月間コリントに滞在しましたが、そこでローマ書は書かれたと言われています。

パウロがこの書を書いた当時、彼は精神的に非常に苦しい状態に置かれていたようです。この直前に書かれたのがガラテヤの信徒への手紙ですが、そこにはパウロの苦悩が色濃く認められます。ガラテヤではいったい何があったのでしょうか。

ガラテヤの教会は、パウロの第二回宣教旅行において、予期しない状況の中でキリストの福音がもたらされた地です。予期しない状況とは、おそらくパウロの病気ということだったようです。ガラテヤ4章を見てみましょう。

知ってのとおり、この前わたしは、体が弱くなったことがきっかけで、あなたがたに福音を告げ知らせました。そして、わたしの身には、あなたがたにとって試練ともなるようなことがあったのに、さげすんだり、忌み嫌ったりせず、かえって、わたしを神の使いであるかのように、また、キリスト・イエスででもあるかのように、受け入れてくれました。（ガラテヤ4章13－14節）

パウロが「体が弱くなった」と言っている病は、当時悪魔つきと言われていた癲癇《てんかん》、マラリア、あるいは目の病気などが考えられています。または、パウロが「一つのとげ」（二コリント12・7）と言っている、生涯にわたって彼が苦しまねばならなかった何かかもしれません。いずれにしても、その病はガラテヤの人たちにとっては非常に忌まわしいものだったようです。しかし、ガラテヤの人たちは、パウロを「神の使い」、「キリスト・イエス」であるかのように受け入れたのです。そのことに対するパウロの喜びは大きなものであり、パウロはその後もガラテヤの教会に対しては、親が子に対して抱くような愛情を常に感じていたのです（ガラテヤ4・19）。

しかし後に、ガラテヤの教会に「惑わす者」、「キリストの福音を覆そうとしている者」（1・7）が現れ、彼らは真っ向からパウロを批判しました。パウロが生前のイエスを知らないから使徒としての資格に欠けているという理由で、彼らはパウロを批判したようです。確かに、イエスが使徒として立てた人たちは、生前のイエスと生活を共にした人たちでした。その一人のユダがいなくなった後の十二使徒の補充においても、生前のイエスと共にいた者の中から選ばれたのです（使徒言行録1・21－22参照）。もしかすると、その「惑わす者」とは十二使徒の系統を引く者であったのかもしれません。

このことは、エルサレム使徒会議（四九年頃）での決定をめぐって起こった論争と関係しているとも言われています。イエスの福音は、まずユダヤ人たちの間に広まりましたが、彼らは律法を守りながら福音を受け入れていきました。そして次第に、ユダヤ人でない人たちにも福音が広まり、洗礼を受ける人たちが増えてきました。そこで十二使徒を中心とするユダヤ人たちは、異邦人キリスト者に対しても律法を課すということを主張しますが、パウロはイエスの福音を受け入れる人に律法を課す必要はないと主張したのです。結局その会議では、異邦人にはもはやユダヤ教の律法の順守を求めないことが決定されています。パウロは、異邦人が大多数を占めるガラテヤの教会において、この決定どおり異邦人には律法の順守はもはや必要ないと説きました。しかし、そのようなパウロに対抗して、おそらくユダヤ人キリスト者であったと思われる「惑わす者」は、救われるために律法の順守、特に割礼を求めたのであろうと思われます。

人は目に見えるしるしに弱いものです。何かのかたちや枠組みがあると安定し、その型にはまることで内実も伴っていると錯覚してしまいます。ガラテヤの人たちにとっても、復活した主イエスの信仰によってのみ救われると言われるより、目に見えるかたちで割礼を受け、律法を順守することによって救われると言われたほうが分かりやすかったのでしょう。

ガラテヤには異邦人が多く、純粋なユダヤ教徒のように信仰の基礎が固まっていませんでした。彼らの多くは、当時のローマ帝国に広まっていた異教からの改宗者であり、そのキリスト教信仰もまだ表面的なものであったと思われます。そのような彼らにとって、形式主義を説く者が現れれば、容易にそちらになびくことは必定だったのです。

その状況の中で書かれたのがガラテヤ書です。そこにはガラテヤの人たちに対する厳しさと愛情が交錯して出ています。パウロは、「あなたがたのことで途方に暮れている」（4・20）とその胸の内を吐露しているのです。自分が心身を傾け、親の子に対するような愛情で養い育ててきたガラテヤの人たちが、心変わりして自分から離反していく。それだけではなく、自分の使徒としての資格まで問題にされる。そして伝えてきた福音の内実までが問われる。このガラテヤでの出来事は、パウロに精神的な危機をもたらしたと思われます。そこでパウロは、苦しみの中で使徒としての自分の起源を振り返り、また自分が告げ知らせてきた福音の中身を、祈りを通して内省することを余儀なくされました。

パウロがそこで振り返るのは、やはりあのダマスコでの出来事でした。その時、あの出来事からすでに二十年近くが経っていました。わたしたちがパウロを理解するうえで、ダマスコの出来事はいつも重要なものです。パウロがまったく予期しない方法で、彼が望みも期待もしなかったにもかかわらず、イエスが一方的にパウロを捕らえた出来事です。そこにパウロの使徒として起源、福音宣教の根拠があります。ガラテヤ書は、パウロが苦しみの中で内省し、彼の中で深められていったキリストとの出会いの体験が吐露されているのです。ですから、ガラテヤ書にはかなり激しい口調がある一方、愛情あふれる表現が数多く見られるわけです。その後コリントの教会では別の問題が起こり、パウロは大いに苦しみます。そして、コリントの教会に宛てても手紙を書いています。

その後に書かれたローマ書では、パウロの精神状態も少し落ち着き、彼の中でさらに内省され、整理された体験が神学的に述べられていきます。今回見るのは、その中でもパウロの神体験の頂点とも言える聖霊の体験についての箇所です。

イエスによって示された神の愛

パウロは、ダマスコの体験によって「キリストに捕らえられて」しまいました（フィリピ3・12）。同時にそれは、自分を捕らえたキリストが親しくパウロの中に内住されるという体験でもあったのです。パウロがダマスコの体験後、その体験を長い年月をかけて深めていく中で、言葉でも表現しえない何か特有な体験をしていることに気づいていきます。それは単に、パウロが復活したイエスと個人的に出会ったという体験だけではなく、その出会った方が自分の中に生き生きと存在し続けている体験であったようです。

パウロにとって、復活したイエスとの出会いの体験は、ある時間と場所に限定されるその時だけの体験ではありませんでした。この出会いはプロセスであり、関わりがその後も続いていくことに気づくのです。これは、初代教会の弟子たちの体験でもありました。

復活したイエスと出会った弟子たちは、イエスの昇天後、福音宣教に出かけて行きます。マルコでは、福音宣教に遣わされた弟子たちが、「主が共に働いておられる」（16・20）ことを体験したことが述べられています。マタイになると、弟子たちのこの体験は客観化され、イエスの昇天の時の「わたしは世の終わりまで、いつもあなたがたと共にいる」（28・20）という約束となっていきます。その後その体験は、ルカにおいて聖霊降臨の体験（使徒言行録2章）として、ヨハネでは三位一体である神の内住の約束（14章）、復活されたイエスによる聖霊の授与（20・22）として説明されていきます。このように弟子たちは、復活されたイエスが何らかのかたちで自分たちの内におられるという体験をしたのです。

四福音書が書かれたのは、パウロが書いたとされる書簡の後なので、パウロが福音書を読んでいたとは考えられません。生前のイエスに出会ったことのない、ある意味で新参者でもあるパウロは、自分の体験を深め、それを最初に書き記しました。それは産みの苦しみにも似た、言葉が発出されるまでのパウロの体験であり、特に苦しみを通して熟していったものだったでしょう。それは本当に壮絶なものであったと想像されます。

パウロが精神的な苦しみの中でダマスコの体験を振り返っていったとき、それは「生きているのは、もはやわたしではありません。キリストがわたしの内に生きておられるのです」（ガラテヤ2・20）という言葉に集約されていきます。実は、パウロはダマスコにおいてすでに、そのことを知っていたのです。ダマスコで復活したイエスと出会った時、パウロは「サウル、サウル、なぜ、わたしを迫害するのか」と呼びかける声を聞きました。その時、サウルと呼ばれていたパウロが迫害していたのはキリスト者であって、イエスご自身ではありませんでした。しかし、イエスは「なぜ、わたしを迫害するのか」と言われたのです。この瞬間パウロは、洗礼を受けてキリスト者となった者はキリストの体となっており、復活したイエスと一つであるということ。キリスト者は、ある意味で「キリスト」であり、自分が迫害していたのはキリストご自身であったということを直感的に理解したのです。ただパウロにとって、それが何であったかを悟っていくためには、多くの時間と苦しみを経なくてはなりませんでした。

　パウロが復活されたイエスと出会い、イエスに捕らえられた時から、パウロの中にイエスが徐々に息づき始めたのでしょう。「神を冒瀆する者、迫害する者、暴力を振るう者であったわたしに、神は御子イエスを啓示し、わたしの罪をゆるし、わたしを使徒とし、福音宣教の使命をゆだねられた」のだと。パウロは、キリストに捕らえられたという体験と共に、魂の深みにおいて、復活されたイエスと自分とは一つとなっているということを少しずつ気づいていくようになったのです。それは容易に言語化できない体験であったことでしょう。

パウロは、宣教活動において、特に宣教活動が行く先々で挫折し、人々から批判され、迫害されるという苦しみの中で、徐々に深められていきました。人は、順調にいっている時は自分がしていると思いがちですが、失敗し、挫折した時に初めて、自分の中で働いている方がおられることに気づかされます。パウロもそうでした。ガラテヤの教会の問題に端を発した精神的試練という苦しみのるつぼの中で、自分の内にキリストが生きているという体験が、ローマ書において「わたしたちに与えられた聖霊によって、神の愛がわたしたちの心に注がれている」（5・5）と結実し、表現されていったのではないでしょうか。

パウロにおける聖霊の体験

聖霊は御子の霊、イエスの霊です。神は、御子の霊、イエスの霊をわたしたちに注いでおられます。パウロは、自分に与えられた聖霊について、このように言っています。「神が、『アッバ、父よ』と叫ぶ御子の霊を、わたしたちの心に送ってくださった」（ガラテヤ４・６）。この霊は、イエスご自身の中で、御父に向かって「アッバ、父よ」と叫んでいた霊です。つまり、聖霊は御父と御子、親子の愛の絆です。子であるイエスは、神が父であるがゆえに、神に「アッバ、お父さん」としか言えないのです。この絆、聖霊こそがイエスに、神に対して「お父さん」と祈らせるのです。

わたしたちも自分の父親に対してだけ「お父さん」と呼びかけます。ほかの誰にも「お父さん」とは言わないでしょう。父（親）は一人しかいないからです。親子の関わりというものは与えられた絆です。親は子を選べませんし、子も親を選べません。選べないということは、与えられたものであり、恵みであるということです。最近、親子の間で目を覆いたくなるような事件や報道が繰り返されています。原因はいろいろあるでしょうが、与えられた絆を恵みとして生きることができなかったことが原因の一つかもしれません。誰かが、何かが、あるいは社会が悪いというのはあまりにも浅はかで、問題の本質を見誤っているように思えます。親殺しということが起こると、それは親殺しに先立って子殺しがあるということが指摘されています。そのことは気づきにくいのですが、現代ではそれが平気で行われているようです。本当に親が子を殺すということがありえるのでしょうか。本来、親子の絆はそのようなものではないはずです。

聖霊によって神の愛がわたしたちに注がれたということは、わたしたちの内にイエスの霊が与えられたことを意味しています。イエスの霊であるということは、わたしたちはイエスが生きている同じ関わり、絆、命を生きるものにしていただくことを意味しています。イエスの内に生きている霊は、イエスを絶え間なく御父である神に向かわせている御子としての霊です。その霊がわたしたちの内に注がれるということは、わたしたちが御父と御子が生きている同じ関わりを生きる者とされるということです。つまり、御子イエスと同じ身分、御父の子とされるということを意味しています。

わたしたちは、御子イエスにおいて子とされているのです。子であるという意味において、わたしたちはもうひとりのキリストです。この体験がパウロにおいて、「生きているのは、もはやわたしではありません。キリストがわたしの内に生きておられるのです」という、キリストとパウロの一体性を表す言葉に結集しています。

ローマ書には、「あなたがたは、人を奴隷として再び恐れに陥れる霊ではなく、神の子とする霊を受けたのです。この霊によってわたしたちは、『アッバ、父よ』と呼ぶのです」（8・15）と記されています。ここでは神の子とする霊によって、わたしたちが「アッバ、お父さん」と呼んでいます。しかしガラテヤ書では、わたしたちに送られた御子の霊が「アッバ、お父さん」と叫んでいます。このようにパウロの中では、「アッバ、お父さん」とキリストの霊が叫んでいるのか、自分が呼んでいるのか分けることができないほど、パウロと聖霊が一つとなっているのです。

聖霊において、わたしの中にキリストが生きておられ、わたしと一つになっておられるので、わたしの祈りはキリストの祈り、キリストの祈りはわたしの祈りとなっているということです。パウロにおいて、祈るのはもちろんパウロであることに変わりはないのですが、自分が祈るよりはるか以前に、自分の魂の内奥でキリストが霊によって御父に「アッバ、お父さん」と叫び、祈っておられることをパウロは体験したのです。ですから、ローマ書では「わたしの霊が呼んでいる」と言っているのに対して、ガラテヤ書では「キリストの霊が叫んでいる」という強い根源的な表現が使われているのでしょう。

パウロが祈るとき、キリストにおいて祈ることになり、すべてにおいてキリストが中心、主となっていきます。これが、パウロの人間としてのすべての活動にまで浸透していくのです。パウロは、福音宣教の業は自分の業ではなく、聖霊における神の子としての業であると言います。パウロの「神の霊によって導かれる者は皆、神の子なのです」（ローマ8・14）という言葉は、福音宣教は聖霊の業であるという表現なのです。

幼きイエスのテレーズという聖人がいますが、彼女が他の姉妹から親切をほめられた時にいみじくも言っています。「わたしが他の人に親切なとき、それはわたしではなく、わたしの中のイエス様です」と。初代教会で、使徒たちがイエスから福音宣教の業をゆだねられて宣教に派遣され、帰ってきた時、自分たちが働いているのだと思っていました。しかし、実は働いておられたのはイエスであったことを、使徒たちは体験したのです（マルコ16・20参照）。

使徒たち、パウロ、そして他の弟子たちもそのことを理解し、その境地に達するためには、どれほどの苦しみと浄化が必要だったことでしょう。自分というものから清められねばならなかったのです。やはり最初の頃は、自分こそがやったのだという意識から自由ではなかったのではないかと思います。パウロは、自分の生涯が晩年にさしかかった時、初めてそのことを実感することができたのではないでしょうか。

パウロの手紙を見ると、最初の頃は、聖霊については神の力、カリスマと関連した書き方がほとんどです。しかし晩年に書かれたガラテヤ書、ローマ書を見ると、いくつかの例外を除いて、「御子の霊」（ガラテヤ4・6）、あるいは「神の子とする霊」（ローマ8・15）という言い方がなされるようになり、また最晩年には、聖霊においてわたしたちが「神の子である」という言い方が決定的な意味で使われるようになっていきます。ここにもパウロの神体験が背景にあることが分かります。

パウロに示された神の愛は次の言葉によく表されています。これはパウロ自身の体験なのです。

実にキリストは、わたしたちがまだ弱かったころ、定められた時に、不信心な者のために死んでくださった。正しい人のために死ぬ者はほとんどいません。善い人のために命を惜しまない者ならいるかもしれません。しかし、わたしたちがまだ罪人であったとき、キリストがわたしたちのために死んでくださったことにより、神はわたしたちに対する愛を示されました。

（ローマ5章6−8節）

このようにパウロは、神が自分にイエスご自身を啓示し、自分を使徒として、福音宣教の業をゆだねられただけではなく、イエスを通して自分に示された神の愛は、決して離れることなく常に自分の内にとどまり続けたと言っているのです。

この神の愛の体験が、パウロの聖霊体験なのです。

キリスト者とは何か――聖霊に住まわれ、導かれている者

キリスト者とはいったい何でしょうか。パウロによると、キリスト者とは神からいただいた聖霊が宿る神殿（一コリント6・19）となった者であり、神の霊によって導かれている者です。パウロは、「神の霊によって導かれる者は皆、神の子なのです」（ローマ8・14）、「この霊こそは、わたしたちが神の子供であることを、わたしたちの霊と一緒になって証ししてくださいます」（同8・16）と言っています。この霊はキリストを死者の中からよみがえらせた神の霊であり、この霊がわたしたちに与えられ、わたしたちの内にあるので、わたしたちは御子イエスと同じように「神の子」と呼ばれるのです。

神は愛であり、愛は神ご自身の本質、正体です。そして、愛である神の霊はわたしたちに与えられ、決してわたしたちから離れることはありません。それは、親がどんなにこの子はと思っても親であることをやめることはできない、子がど

んなにこんな親と思っても子であることをやめることはできないのと同じです。親であること、また子であることは誰もやめることはできません。それをやめるということは人間をやめるということに等しいということです。

人間であってさえそうなのです。まして神はわたしたちの父であり、わたしたちはその子らなのですから、この関わりは、わたしたちのほうからも、また神のほうからさえもやめることは決してできないのです。また誰かが、何かが、この関わりからわたしたちを引き剥がすことも、引き離すことも、断ち切ることもできないのです。聖霊において招き入れられた、父である神と子であるわたしたちとの関わりはそれほどの密接な関わりであり、決して解消されることも、反故《ほご》にされることもない、絶対的なものなのです。たとえわたしたちが御父との関わりを拒んだとしても、一度親子にしていただいたのですから、その関わりが取り消されることは、もはやないのです。この世で絶対的ということは何もありません。しかし、親子であるという関わりだけは少なくとも確実なものであるように、神との関わりは唯一確実であり、絶対的であると言えます。ここに絶対の安心をわたしたちはいただいているのです。

復活したイエスが、パウロを、そしてわたしたちを聖霊において一度捕らえたなら、決して離すことはありません。「わたしたちがまだ罪人であったとき、キリストがわたしたちのために死んでくださった」（ローマ5・8）、わたしたちが神に対して「敵であったときでさえ、御子の死によって神と和解させていただいた」（ローマ5・10）からです。それは、肉の弱さのゆえに律法がなしえなかったこと、つまりわたしたちを罪から解放し、わたしたちをご自分における兄弟姉妹として、イエスの中で息づいている「子としての霊」、また「子とする霊」をわたしたちに与えたからだということなのです。そこからはもう誰も逃げることはできません。首根っこをつかまれた子猫のようなものです。お母さん猫は、子を守るために何があっても決して子猫を離しません。

パウロは、そしてわたしたちは、このキリストの愛に捕らえられてしまったのです。このキリストの愛によって、わたしたちはイエスの弟妹として真の親である神のもとに連れて行かれたのです。もう引き返すことはできません。これこそが、わたしたちが日々、主の祈りの中で祈っている現実そのものの意味することです。ほかに何を願う必要があるでしょうか。まだ何か足りないと言うことがあるでしょうか。

このことが明確になった時、パウロはこう言うしかなかったのでしょう。

だれが、キリストの愛からわたしたちを引き離すことができましょう。艱難か。苦しみか。迫害か。飢えか。裸か。危険か。剣か。「わたしたちは、あなたのために一日中死にさらされ、屠られる羊のように見られている」と書いてあるとおりです。しかし、これらすべてのことにおいて、わたしたちは、わたしたちを愛してくださる方によって輝かしい勝利を収めています。わたしは確信しています。死も、命も、天使も、支配するものも、現在のものも、未来のものも、力あるものも、高い所にいるものも、低い所にいるものも、他のどんな被造物も、わたしたちの主キリスト・イエスによって示された神の愛から、わたしたちを引き離すことはできないのです。

（ローマ8章35―39節）

なぜなら、キリストの愛がわたしたちを駆り立てているからです。

（二コリント5章14節）

わたしは、だれに対しても自由な者ですが、すべての人の奴隷になりました。できるだけ多くの人を得るためです。ユダヤ人に対しては、ユダヤ人のようになりました。ユダヤ人を得るためです。律法に支配されている人に対しては、わたし自身はそうではないのですが、律法に支配されている人のようになりました。律法に支配されている人を得るためです。また、わたしは神の律法を持っていないわけではなく、キリストの律法に従っているのですが、律法を持たない人に対しては、律法を持たない人のようになりました。律法を持たない人を得るためです。弱い人に対しては、弱い人のようになりました。弱い人を得るためです。すべての人に対してすべてのものになりました。何とかして何人かでも救うためです。福音のためなら、わたしはどんなことでもします。それは、わたしが福音に共にあずかる者となるためです。

（一コリント9章19－23節）

このパウロの言葉こそが、すべてのキリスト者が生きるべきものであり、福音の本質にほかならないのではないでしょうか。

今日、教会の中で多くの人が疲れているように見えます。わたしたちは外的なことばかりに心を奪われていないでしょうか。教会では会議や行事などしなければならないことがたくさんあり、皆がそれらにとらわれすぎていないでしょうか。何か新しい活動を始めることで皆が元気になるのかと言えば、そういうことはありません。これまでずっとキリスト者がどこから力を得ていたかと言えば、会議とか活動、行事からではありません。それは、パウロに見られるように、キリストとの、そして聖霊との生き生きとした根源的な関わりからなのです。それを抜きにして何ができるでしょう。今、わたしたちがキリスト者としての本質に立ち戻らない限り、教会に将来はないのではないでしょうか。今こそ、わたしたちがキリストとの関わりを見直す時ではないでしょうか。

パウロの手紙を読みながら、これらのことを改めて問いかけてみたいと思います。

あなたがたはキリストの体である

イエズス会司祭　英　隆一朗

今日は、コリントの信徒への第一の手紙11章から14章までを読み進めながら、「あなたがたはキリストの体である」というパウロの言葉の意味を深めていきたいと思います。

当時のコリントの教会の状況

使徒言行録18章1節に、「パウロはアテネを去ってコリントへ行った」と書かれています。キリストの福音を初めてコリントで宣べ伝えたのは、パウロであることは間違いないでしょう。17章にパウロがアテネで宣教したことが記されています。当時のアテネは、経済力はなかったのですが、ギリシャ文化の中心地でした。パウロはアレオパゴスの丘で説教しました。しかし、ギリシャ哲学の影響を受けていたアテネの人々は学問好きでしたが、彼らの心にはイエスのメッセージはあまり入らなかったようです。アテネでの宣教はうまくいかず、パウロは失意のうちにコリントへ行きました。

コリントはアカイア州にある新興の港町で、当時は経済的、軍事的、商業的にも栄え、非常に活気のある町でした。そこにはローマの神々の神殿などもあり、偶像崇拝が行われていました。周りの町の妬みもあったのでしょうが、コリントに行けば人間が堕落すると言われていました。パウロはそこに一年六か月滞在し、人々に神の言葉を伝えました。

当時、教会は教会としての建物はなく、家の教会と呼ばれる時代でした。主日に大きな家に住んでいる信者のところに集まり、今のミサの原型に当たる聖餐式を行っていたと言われています。おそらく何十人かの人が集まる規模だったのでしょう。

コリントでの宣教は成功し、多くの人が集まったのですが、言わば寄せ集め状態というところがあり、問題もいろいろ多かったようです。パウロのコリントの信徒への手紙は一と二がありますが、これらはパウロの手紙の中でいちばん長いのです。それは、書かなければならない問題が多く、コリントの教会がパウロを悩ませていたからです。パウロがコリントを去った後、信者たちで話し合っても解決のつかない問題がいくつか起こり、それについての質問状がパウロに送られたのであろうと思われます。それに対するパウロの返事が第一の手紙になります。ですから、コリントの教会でどういう問題が起こったのかは、その手紙を見れば分かります。

例えば、8章は偶像に供えられた肉を食べていいのかという質問です。コリントには他の宗教の神殿が数多くありましたから、その中で一神教であるキリスト教を貫いていくということは大変なことだったのです。偶像に供えられた肉について、パウロは一コリント8章から10章くらいにわたって書いています。当時、確立した教導職はありませんでしたから、寄せ集めの信者たちの中でさまざまな意見の対立などが起こり、自分たちで解決できないことを手紙に記したのでしょう。その質問にパウロが答えるという、極めて司牧的な手紙がコリント書なのです。

最大の問題は、一コリント、二コリントの最初に書かれている仲間争い、共同体の中の分裂だったと思われます。当時、教会ではさまざまな仲間争いがあったのでしょう。この問題は第一の手紙だけでは収まらず、むしろその後に反パウロ勢力が増し、逆にパウロが批判され追い込まれる立場に立たされてしまいました。それでパウロは第二の手紙を書かなければならなかったのです。そこには、自分が使徒であるということがどういうことなのかが切々と書かれています。現在、コリントへの手紙は二つしか残っていませんが、四つくらいの手紙が書かれ、そのいくつかが二コリントに入れられたのではないかと言う学者もいます。

ミサ聖祭と教会共同体

一コリント11章を読みます。

わたしがあなたがたに伝えたことは、わたし自身、主から受けたものです。すなわち、主イエスは、引き渡される夜、パンを取り、感謝の祈りをささげてそれを裂き、「これは、あなたがたのためのわたしの体である。わたしの記念としてこのように行いなさい」と言われました。また、食事の後で、杯も同じようにして、「この杯は、わたしの血によって立てられる新しい契約である。飲む度に、わたしの記念としてこのように行いなさい」と言われました。だから、あなたがたは、このパンを食べこの杯を飲むごとに、主が来られるときまで、主の死を告げ知らせるのです。（一コリント11章23―26節）

イエスが最後の晩餐の中で聖体を制定されたことは福音書にも記されていますが、一コリントのほうがより古い伝承です。福音書が書かれたのは七〇年代以降ですが、コリントへの手紙は五〇年代に書かれました。聖書では福音書が先に置かれていますから、パウロの手紙は後から書かれたように思われがちですが、そうではありません。

この記録によると、初代教会の初期の頃からミサを行っていたのは間違いありません。信者たちが家の教会に集まって、パンを裂き、キリストの体として食べ、ぶどう酒をキリストの血として飲んでいました。

パウロがこの手紙を書いた理由を見ていくうえで、この箇所の前後がポイントになります。11章17節から見ましょう。

次のことを指示するにあたって、わたしはあなたがたをほめるわけにはいきません。あなたがたの集まりが、良い結果よりは、むしろ悪い結果を招いているからです。まず第一に、あなたがたが教会で集まる際、お互いの間に仲間割れがあると聞いています。わたしもある程度そういうことがあろうかと思います。あなたがたの間で、だれが適格者かはっきりするためには、仲間争いも避けられないかもしれません。それでは、一緒に集まっても、主の晩餐を食べることにならないのです。なぜなら、食事のとき各自が勝手に自分の分を食べてしまい、空腹の者がいるかと思えば、酔っている者もいるという始末だからです。あなたがたには、飲んだり食べたりする家がないのですか。それとも、神の教会を見くびり、貧しい人々に恥をかかせようというのですか。わたしはあなたがたに何と言ったらよいのだろう。ほめることにしようか。この点については、ほめるわけにはいきません。

（一コリント11章17－22節）

あとの部分は27節からです。

従って、ふさわしくないままで主のパンを食べたり、その杯を飲んだりする者は、主の体と血に対して罪を犯すことになります。だれでも、自分をよく確かめたうえで、そのパンを食べ、その杯から飲むべきです。主の体のことをわきまえずに飲み食いする者は、自分自身に対する裁きを飲み食いしているのです。

（一コリント11章27－29節）

現代の文章は起承転結で書かれ、最初に始まり、次に展開、そして結論がありますが、古代の文章は一番大事なことを真ん中にして、展開を両側に置いて書くという三部構成で書かれていました。この手紙も聖体の大切さを真ん中にしています。これが11章23節から26節です。この箇所を挟むようにして、17節から22節までと27節から34節までの二か所で、ミサをめぐる状況が書かれています。ですから真ん中だけを切り取って読んでも不十分で、両側と合わせて読むことで理解しなければなりません。一コリントは、ほとんどこの構造で書かれています。

パウロが聖体の記事を書いたのは、コリントの教会では、皆が集まって主の晩餐をするのにふさわしくない状況になっていたからです。そのふさわしくない状況というのは、「食事のとき各自が勝手に自分の分を食べてしまい、空腹の者がいるかと思えば、酔っている者もいる」ということでした。当時はどの教会でも、ミサの後に必ず持ち寄りで食事会をしていました。ミサで聖体と御血をいただいてから、その後、持ち寄ったものを皆で分かち合って食べていたのです。そういうことを家々で行うというのが当時の習慣でした。ミサ後の食事会は「アガペー」（愛という意味）と呼ばれていました。

問題は、共同体の中で仲間割れがあったということです。アガペーの時、いくつかの仲良しグループに分かれて食べていたのでしょう。裕福な人々はごちそうを満腹になるまで食べ、酔っている人もいる。しかし、貧しい人たちのグループには空腹の者がいる。それでパウロは、「あなたがたには、飲んだり食べたりする家がないのですか」と怒っています。つまり、せっかくミサで共同体が一つになったのに、アガペーの食事の時間になれば親しい者だけが集まって、共同体が分裂してしまっている。それでパウロは非常に怒って、「それでは、一緒に集まっても、主の晩餐を食べることにならない」と書いているのです。キリストの体をいただくということは、皆で祝う共同体の一致であるはずなのに、その後の食事会では、皆がバラバラになって仲間争いなどをしている。それでは主の晩餐を祝うのにふさわしくないとパウロは断言しました。

「ふさわしくないままで主のパンを食べたり、その杯を飲んだりする者は、主の体と血に対して罪を犯すことになります」という言葉の意味を考えてみる必要があります。「ふさわしくないままで」という部分を今のわたしたちに当てはめてみれば、典礼規則を守らない、聖体拝領前の一時間の断食をしていないなどの議論になるかもしれません。しかし、この手紙の中で、ふさわしいか、ふさわしくないかと問われているのは、共同体の一致があるかないか、聖体をいただくのにふさわしい共同体であるかどうかということです。典礼規則よりもっと大事なことは、皆でミサを祝うのにふさわしい共同体になっているかどうかなのです。皆さんが属しておられる共同体が、ミサにあずかるにふさわしいか、ふさわしくないか、共同体的な一致があるかどうか、それが問われています。共同体的な一致があるとき、それはミサ聖祭をするのにふさわしいが、一致がないときは、イエスの体と血に対して罪を犯しているという基準です。この基準によって、今のわたしたちの教会共同体のあり方を見つめ直してみましょう。

神秘である聖体

「キリストの体」には二つの意味があります。一つは、ミサでいただく聖体です。もう一つは、教会共同体です。ミサでいただくキリストの体が教会共同体をつくり、その教会共同体の中でミサがささげられているという相互関係があります。この二つは別々のものではなく、教会共同体がキリストの体になっているからこそ、聖体もキリストの体になっているということです。この二つを切り離してしまうと、キリストの体の意味が弱くなってしまうでしょう。

古代から中世にかけては、キリストの体に対して、神学的な意味で二つの考え方がありました。一つは神秘的なキリストの体、もう一つは実在するキリストの体です。初代教会では、聖体が神秘的なキリストの体だと考え、教会共同体を実在するキリストの体だと考えていました。しかし、中世の神学では、聖体が実在するキリストの体で、教会共同体が神秘的なキリストの体だと考えるようになりました。しかし、その考えには少し無理があります。中世の神学の本では、聖体が本当のキリストの体であるということを一生懸命神学的に説明しました。それに対して、教会共同体を神秘的なキリストの体だと考えたことです。教会共同体が神秘的なキリストの体だと考えると、神秘なのだから批判ができないことになります。

わたしが思うには、聖体は神秘的なキリストの体だと考えたほうがよいのではないか。聖変化のあとに、司祭が「信仰の神秘」と言い、皆さんが「主の死を思い、復活をたたえよう、主が来られるまで」と答えているのです。聖体は神秘なのですから、科学で説明する必要はありません。信仰の中で聖体を神秘として受け取る以上、その神秘なものを軽蔑したり、丁寧に扱わなかったりすることは間違っています。神の神秘だからこそ、その神秘をありがたく敬虔に拝領すればよいのです。

わたしたちが問わなければならないのは、現実のわたしたちの教会共同体がキリストの体になっているかどうかです。それを、わたしたちが絶えず問いかけない限り、教会共同体はいつでも堕落するでしょう。教会共同体が仲間争いして分裂したりしていないか、キリストの体になっているのか。わたしたちはこのことを絶えず問いかけ、反省し、互いに助け合ったりしなければ、教会共同体はキリストの体になっていかないのです。

今のミサの流れの中で、聖体拝領の直前で平和の挨拶をしています。そこに平和の挨拶が入っているのは、教会共同体がまさしく共同体で聖体拝領をするためです。聖体拝領する直前に互いに平和の挨拶をする。そのとき、たまたま隣に仲の悪い人が座っていることがあっても、そこで平和の挨拶をして、互いにゆるし合ったり、認め合ったうえで、一つの体として聖体をいただくのです。パウロの考えから言えば、聖体拝領の直前で平和の挨拶をすることは、非常に大事なことだと思います。そこで平和の挨拶をするからこそ、互いにいろいろ問題があっても平和を分かち合い、皆が一つのキリストの体として聖体をいただくことができるのです。だからこそ、聖体拝領はキリストの体としての意味があるのです。

わたしたちは絶えず、教会共同体がキリストの体になっているかどうかを問いかけながら聖体拝領しなくてはなりません。単に自分と神との関係がよければいいということではないのです。典礼の規則を全部守っていたとしても、共同体に分裂がある中で聖体をいただくということは、問題があるのです。もちろんわたしたちは罪人ですから、ふさわしくないものをかかえています。そのことを分かったうえで聖体をいただきなさいとパウロは言っているのだと思います。

キリストの体である教会共同体

一コリント12章にキリストの体ということが出てきます。

兄弟たち、霊的な賜物については、次のことはぜひ知っておいてほしい。あなたがたがまだ異教徒だったころ、誘われるままに、ものの言えない偶像のもとに連れて行かれたことを覚えているでしょう。ここであなたがたに言っておきたい。神の霊によって語る人は、だれも「イエスは神から見捨てられよ」とは言わないし、また、聖霊によらなければ、だれも「イエスは主である」とは言えないのです。

賜物にはいろいろありますが、それをお与えになるのは同じ霊です。務めにはいろいろありますが、それをお与えになるのは同じ主です。働きにはいろいろありますが、すべての場合にすべてのことをなさるのは同じ神です。一人一人に〝霊〟の働きが現れるのは、全体の益となるためです。ある人には〝霊〟によって知恵の言葉、ある人には同じ〝霊〟によって知識の言葉が与えられ、ある人にはその同じ〝霊〟によって信仰、ある人にはこの唯一の〝霊〟によって病気をいやす力、ある人には奇跡を行う力、ある人には預言する力、ある人には霊を見分ける力、ある人には種々の異言を語る力、ある人には異言を解釈する力が与えられています。これらすべてのことは、同じ唯一の〝霊〟の働きであって、〝霊〟は望むままに、それを一人一人に分け与えてくださるのです。

（一コリント12章1―11節）

1節に「霊的な賜物については」と書かれています。これはコリントの教会からの質問状にあった項目で、12章から14章にかけてパウロが返答しています。この箇所から分かるように、当時のコリントの教会は、いわゆるカリスマの教会と呼ばれるものでした。聖霊の働きが非常に活発で、特別なカリスマと呼ばれるものが現れている教会だったのでしょう。

知恵、知識、癒やし、奇跡、預言などの九つのカリスマが書かれています。こういうものが現れている教会では、活発に預言や病気の癒やしなどが行われていたであろうと推測されます。しかし、それが混乱のもとだったのです。当時の教会には、霊の賜物について、どうしたらいいのですかとパウロに聞かなければならない状況が生じていたのです。霊の賜物というのは、聖霊の働きによって一人ひとりに与えられている特別の賜物、能力、才能、役割、使命のことです。それを、わたしたちがどのように受け止め、果たしていくのかが問われています。

一人ひとりの違いを認め合う教会共同体

いろいろなカリスマが現れ、それによる癒やしや預言、異言などがあった中で、何が問題だったのかは、続く箇所を読んでいくとよく分かります。

体は一つでも、多くの部分から成り、体のすべての部分の数は多くても、体は一つであるように、キリストの場合も同様である。つまり、一つの霊によって、わたしたちは、ユダヤ人であろうとギリシア人であろうと、奴隷であろうと自由な身分の者であろうと、皆一つの体となるために洗礼を受け、皆一つの霊をのませてもらったのです。体は、一つの部分ではなく、多くの部分から成っています。足が、「わたしは手ではないから、体の一部ではない」と言ったところで、体の一部でなくなるでしょうか。耳が、「わたしは目ではないから、体の一部ではない」と言ったところで、体の一部でなくなるでしょうか。もし体全体が目だったら、どこで聞きますか。もし全体が耳だったら、どこでにおいをかぎますか。そこで神は、御自分の望みのままに、体に一つ一つの部分を置かれたのです。すべてが一つの部分になってしまったら、どこに体というものがあるでしょう。だから、多くの部分があっても、一つの体なのです。目が手に向かって「お前は要らない」とは言えず、また、頭が足に向かって「お前たちは要らない」とも言えません。

（一コリント12章12―21節）

ここは、人によって賜物が違うことを体の部分でたとえています。耳のような人というのは神の声がよく聞こえる人、口のような人というのは話すのが上手な人、足のような人というのはよく動く人、手のような人というのは器用にいろいろなことがこなせる人だったのかもしれません。

問題は、カリスマや能力の違いによって仲間争いがあったことです。教会の皆が目のような人に見えて、耳のような自分は、この教会に居場所がないので出て行きますと言うような人がいました。また逆に、目みたいな人が手のような人に向かって、「お前は必要ではない。邪魔だからこの教会に来ないでくれ」と言っていたのでしょう。ですからここでの問題は二つあったということです。「わたしはこの教会に合わないので出て行く」と自分から出て行く人がいる一方で、人に向かって、「お前はこの教会にいたら邪魔だから出て行け」と言うような人がいたということです。

わたしたちの共同体にも同じようなことがあるのではないでしょうか。互いの違いを認め合っているでしょうか。目、耳、手、足はそれぞれの役割があって、それぞれが全体となってキリストの体となるのです。皆が耳、皆が目ということではなく、全体の中に目、耳、手、足などいろいろ違う部分が混じっているのが教会共同体です。この多様性の中で教会共同体が一致しているかどうか、それがキリストの体としての教会共同体がいちばん大切にしなければならないことです。違う者を排除し、仲たがいするのではなく、互いの違いを認め合い、共に歩める共同体になることへのチャレンジなのです。

コリントの教会にはもう一つの問題がありました。カリスマの教会というのは能力主義になりやすいのです。例えば、預言の賜物は神のことばを聞いて話す能力のことですが、その賜物を持っている人が二人いるとします。そうすると、どちらが預言の力が強いか、張り合いになってしまうのです。あるいは癒やしの賜物の場合は、どちらがたくさんの人を癒やせるかの張り合いとなります。それで、カリスマの教会は能力主義になり、目に見える結果で、どちらが上か下かと競い合ったり、けんかしたりするのです。

活動は目に見えるものです。結果を出さないと認められず、教会の中で何もやっていないということだけで批判されたりします。活動している者が偉くて、していない者は偉くないなど、コリントの教会は活動主義になりかけていたのです。そこでパウロは、「そうではない。役割の違いもあれば、お互いの違いもある。それをどう認め合って、どのように歩んでいくのか。そのことを皆で考えなさい」と言っているのです。皆さんの教会共同体においても、そういう視点で見直してみる必要があるのではないでしょうか。活動主義、結果主義になればなるほど、何もできない人を、「あいつは何も活動していない」などと批判したくなりがちです。そこでパウロが言います。

それどころか、体の中でほかよりも弱く見える部分が、かえって必要なのです。わたしたちは、体の中でほかよりも恰好が悪いと思われる部分を覆って、もっと恰好よくしようとし、見苦しい部分をもっと見栄えよくしようとします。見栄えのよい部分には、そうする必要はありません。神は、見劣りのする部分をいっそう引き立たせて、体を組み立てられました。それで、体に分裂が起こらず、各部分が互いに配慮し合っています。一つの部分が苦しめば、すべての部分が共に苦しみ、一つの部分が尊ばれれば、すべての部分が共に喜ぶのです。

（一コリント12章22―26節）

「弱く見える部分が、かえって必要なのです」というのは、もう一つの大きなポイントです。それぞれが違う賜物でいろいろな活動をするということだけではなく、弱く見えて何もできないと思われる部分を大事にするということ、このことこそよく考えてみる必要があります。

例えば、会社や企業というのは、普通は利潤の追求が目的ですから、その目的に向かって、能率・効率をよくしていかなくてはなりません。それで弱い部分を切り落とす方向にいくのです。学校も、場合によっては成績の悪い人、あるいは素行が悪い人は退学にします。成績の悪い生徒を切れば切るほど平均点は上がっていきます。能率・効率を考えれば、弱い部分を切ったほうがうまくいくのです。会社でリストラするのも、要らない不採算部分を切って利潤を上げるためです。それはまさしくこの世の原理でしょう。しかし、キリストの体というのは、あえて弱い部分をどれだけ大事にできるかというところに、最も大事なポイントがあると言えます。

弱い部分というのはいったい何なのか。例えば、自分自身について考えてみると、性格、能力、生活上の問題点など弱い部分というのがあるでしょう。わたしたちは、この弱い部分がなくなれば、自分はどんなにうまく生きていけるだろうと考えがちです。しかし、その弱い部分を切り離してしまった自分が神の国を生きていく者になれるかどうかは分からないでしょう。家族や共同体の中でも、弱い部分というものがあります。その弱い部分を切り捨てたほうが何事もうまくいくという誘惑が、やはりどこかにあると思います。しかし、弱い部分を切り捨てれば能率・効率は上がるかもしれませんが、それがキリストの体になるかどうかは大いに疑問があるのです。

マタイ18章10―14節に「迷い出た羊のたとえ」があります。ある人が百匹の羊を持っていて、そのうちの一匹が迷い出てしまい、その人は九十九匹を山に残して一匹を捜しに行くという話です。迷い出た一匹の羊を連れ戻すのが、よい牧者の務めであると述べています。しかし、その一匹がどうして迷い出たのかということをわたしたちは考える必要があります。普通、一匹が離れてしまったら、その一匹を元の群れに戻せばいいと思うでしょう。しかし、その一匹が迷い出た理由を考えないと本当の解決にはならないのです。例えば、九十九匹はさっさと歩けるのに、一匹は足にけがをして歩くのが遅くなったのかもしれません。そうであれば、連れ戻してきても、次の日に皆がさっさと歩いて行けば、その一匹は、また皆から離れてしまいます。また、その一匹がいじめられて群れから外れてしまったのであれば、九十九匹がいじめをやめない限り、その一匹は戻って来られないわけです。本当の解決は、九十九匹が百匹で共に生きていける可能性を探すことから始まります。

この話を九十九匹の視点から見ていきましょう。一匹を切り捨てて、九十九匹でさっさと歩いたほうがうまくいくという誘惑が考えられます。しかし、そこに神の国の働きが見られるのか、あるいはキリストの体になれるかどうかという大きな疑問が出てきます。一匹を本当に迎え入れるためには、九十九匹が回心しなければなりません。一匹は理由があって離れているのですから、弱い部分を大事にするということは、九十九匹の考え方を根本的に変えるチャンスなのです。根本的な価値観を変えない限り、弱い人を本当に大事にはできないのです。逆に言えば、皆がどうすれば弱い人を大事にできるかを考えていく中でこそ、教会共同体はキリストの体になっていけるのです。

マタイ25章31―46節に「すべての民族を裁く」という有名な話があります。世の終わりの裁きで、全世界の人が右と左に分けられ、王が「わたしの兄弟であるこの最も小さい者の一人にしたのは、わたしにしてくれたことなのである」と言います。弱い人、小さい人たちを切り捨て、この世的に能率・効率を優先すれば、天国に入る道は開かれません。むしろ弱い人、小さい人たちを大事にする中で、教会共同体全体が神の国にふさわしいものに変えられていくのです。教会共同体の弱い部分、そこに共同体がキリストの体になるチャンスが与えられています。共同体の中の最も弱い者を大切にすることによって、そこに本当にキリストの体が生まれ、神の国が訪れるのです。

誘惑はいつもあります。弱い者を切り捨てるほうが簡単で、能率・効率がよくなるからです。しかし、それではキリストの体とは言えません。その誘惑を退けられるかどうかは、個人、グループにおいて一つのチャレンジとして受け止められたらいいと思います。教会共同体の弱い部分を、お荷物だ、問題点だなどとマイナスに考えるのではなく、弱い部分によって互いの助け合いなどが生まれてくる可能性があると考えてみたらどうでしょうか。また、それぞれがいただいている賜物を、自分のためではなく人のために使おうという気持ちになっていく可能性もあるでしょう。

一コリント12章に戻ります。「一つの部分が苦しめば、すべての部分が共に苦しみ、一つの部分が尊ばれれば、すべての部分が共に喜ぶ」。これができていれば、それはキリストの体に近い共同体だということです。人間の体で考えれば当たり前のことです。ちょっとけがをしただけでも、歯の一本が痛いだけでも、体全体に影響します。体全体がつながっているからです。そういうつながりが感じられる共同体かどうかが問われているのです。

分裂するときは逆です。誰かが弱っていれば陰で喜んだり、誰かが尊ばれれば嫉妬し、それをねたんだりします。そのような気持ちが出てくるということは、共同体が分裂していて、真のつながりがないからです。本当につながっていれば、苦しんでいる人を見れば自分の心が痛み、誰かがほめられれば共に喜ぶ気持ちが湧いてくるはずです。しかし、そうなっていない現実があるのです。もちろん、いつも理想どおりにはできないかもしれません。わたしたちがそれぞれの属する共同体で、キリストの体をつくっていけるかどうかは難しいチャレンジですが、そこに恵みが与えられていくのではないでしょうか。

あなたがたはキリストの体であり、また、一人一人はその部分です。神は、教会の中にいろいろな人をお立てになりました。第一に使徒、第二に預言者、第三に教師、次に奇跡を行う者、その次に病気をいやす賜物を持つ者、援助する者、管理する者、異言を語る者などです。皆が使徒であろうか。皆が預言者であろうか。皆が教師であろうか。皆が奇跡を行う者であろうか。皆が病気をいやす賜物を持っているだろうか。皆が異言を語るだろうか。皆がそれを解釈するだろうか。あなたがたは、もっと大きな賜物を受けるよう熱心に努めなさい。
（一コリント12章27－31節）

わたしたち一人ひとりに与えられている賜物があるのですから、自分自身の賜物は何かということも見なくてはなりません。それぞれの賜物は違うのですから、皆が使徒や教師になる必要はありません。それぞれがいただいている賜物を互いに生かし合っていくことができる共同体こそ、実り豊かな共同体になれるのです。だからこそパウロは、「一人一人に〝霊〟の働きが現れるのは、全体の益となるためです」（一コリント12・7）と言うのです。一人ひとりに違った霊の働きがあるのは、与えられている時間やエネルギーなどを使って、全体の益となるための役割を果たしていくようにわたしたちが呼ばれているということです。

愛を生きていく教会共同体

一コリント13章に、愛の賛歌という有名な箇所があります。パウロは、13章で愛の話をして、前後の12章、14章で霊の賜物の話を書いています。

そこで、わたしはあなたがたに最高の道を教えます。たとえ、人々の異言、天使たちの異言を語ろうとも、愛がなければ、わたしは騒がしいどら、やかましいシンバル。たとえ、預言する賜物を持ち、あらゆる神秘とあらゆる知識に通じていようとも、たとえ、山を動かすほどの完全な信仰を持っていようとも、愛がなければ、無に等しい。全財産を貧しい人々のために使い尽くそうとも、誇ろうとしてわが身を死に引き渡そうとも、愛がなければ、わたしに何の益もない。
（一コリント12章31節―13章3節）

12章で九つの賜物が挙げられていますが、そういう賜物をいただき、それを使ったとしても、そこに愛がなければ無に等しいと言っています。ここで言われている愛は、共同体的な愛のことです。教会共同体の中での愛とはどういうものでしょうか。一人ひとりに与えられた賜物を愛に基づいて生かしていくことです。自分のため、あるいは自分のグループのためだけであれば、それは無に等しく、まったく意味がないのです。教会共同体でも家族の中でも、愛を生きているかどうかが最も大切なのです。皆さんの中には、共同体で何らかの活動をしておられる方も多いと思いますが、それを愛に基づいてされておられるでしょうか。

> 愛は忍耐強い。愛は情け深い。ねたまない。愛は自慢せず、高ぶらない。礼を失せず、自分の利益を求めず、いらだたず、恨みを抱かない。不義を喜ばず、真実を喜ぶ。すべてを忍び、すべてを信じ、すべてを望み、すべてに耐える。
>
> （一コリント13章4－7節）

「愛は忍耐強い。愛は情け深い」、これは置き換えることができます。「愛は忍耐強い」を「霊的な人は忍耐強いはずだ」とも読めます。本当に霊的な人間であれば、仲間争いしたり、ねたんだり、威張ったりするでしょうか。主語に自分を置いてみてください。わたしは忍耐強いか、情け深いか、ねたんでいないか、自慢していないか、高ぶっていないか、礼を失していないか、自分の利益を求めていないか、いらだっていないか、恨みを抱いていないか、不義を喜んでいないか、真実を喜んでいるか。このように自分に問いかけてみるのです。

「愛は」と言うから、何か他人ごとに聞こえますが、自分がそのように生きているかどうかを問いかけなければ意味はありません。この箇所だけを読んで、愛はすばらしいなどと言っているだけで自分がその愛を実践していなければ、何の意味もないのです。一人ひとりが愛を生きているかどうか。その小さな実践なしに、教会共同体は本当のキリストの体にはならないのです。

マタイ福音書には、「もし、からし種一粒ほどの信仰があれば、この山に向かって、『ここから、あそこに移れ』と命じても、そのとおりになる」（17・20）と書かれています。しかし、山を動かすほどのすばらしい信仰があったとしても、愛がなければまったく意味がないのです。日曜日に欠かさず教会に行っていても、どれほど祈りをしていても、愛がなければ意味がないということです。「信仰」と「愛」、どちらが上か下かということではありません。愛のない信仰ほど、独善的になり、人を裁いたりしてしまうのです。このことも、わたしたちが自らに問いかけなければならないことでしょう。

パウロが共同体の生活でどれほど愛が大切だと考えていたかを見ましょう。

愛は決して滅びない。預言は廃れ、異言はやみ、知識は廃れよう、わたしたちの知識は一部分、預言も一部分だから。完全なものが来たときには、部分的なものは廃れよう。幼子だったとき、わたしは幼子のように話し、幼子のように思い、幼子のように考えていた。成人した今、幼子のことを棄てた。わたしたちは、今は、鏡におぼろに映ったものを見ている。だがそのときには、顔と顔とを合わせて見ることになる。わたしは、今は一部しか知らなくとも、そのときには、はっきり知られているようにはっきり知ることになる。それゆえ、信仰と、希望と、愛、この三つは、いつまでも残る。その中で最も大いなるものは、愛である。

（一コリント13章8－13節）

この箇所はマタイ25章の最後の審判の話とつながっています。そこでは、わたしたちが愛したか、しかも最も小さく弱い者を愛したかどうかが問われています。そこに、「愛とは」ということがはっきり出てきます。あなたが教会でどういう仕事をどれだけしましたかということはまったく問われず、最も弱い者に愛をもって関わってきたかどうかということしか問われないのです。信仰、希望、愛、神に対するこの三つの徳は最後まで残ります。しかもパウロは、その中で最も大切な愛を生きていくようにと言っているのです。

キリスト教は愛の宗教です。その愛は最も弱い者を大切にする愛なのです。わたしたちは、自分自身の生活が愛に基づいているかどうかを問う必要があります。最も弱い者をいちばん大事にしないのであれば、それは本当の愛とは言えないということです。

14章を見ましょう。

愛を追い求めなさい。霊的な賜物、特に預言するための賜物を熱心に求めなさい。異言を語る者は、人に向かってではなく、神に向かって語っています。それはだれにも分かりません。彼は霊によって神秘を語っているのです。しかし、預言する者は、人に向かって語っているので、人を造り上げ、励まし、慰めます。異言を語る者が自分を造り上げるのに対して、預言する者は教会を造り上げます。あなたがた皆が異言を語れるにこしたことはないと思いますが、それ以上に、預言できればと思います。異言を語る者がそれを解釈するのでなければ、教会を造り上げるためには、預言する者の方がまさっています。

（一コリント14章1―5節）

パウロは、愛があれば、ほかのものは要らないと言っているわけではありません。愛を基盤にして、一人ひとりが与えられている賜物を十全に生かして使いなさいと言っています。

ここで預言と異言が出ています。預言というのは、神の言葉を預かって人々に伝えます。異言というのは、特別な祈り方で、聖霊の満たしを受けた人が、ほかの人には分からない言葉で話すことです。パウロは、異言は神に向かって語る神秘で、自分を造り上げるものであり、預言は人に向かって語っているので、人を励まし、慰め、そして教会を造り上げると言うのです。賜物には二つの種類があり、一つは自分を造り上げる賜物、もう一つは人のために役立つ賜物です。この二つの中で、人のために役立ち、教会を造り上げる賜物のほうが大事だとパウロは言います。わたしたちが愛に基づいて生きるのであれば、それは当然です。自分だけを造り上げていっても、それは、本当に教会共同体の助けにはならないからです。

わたしたちは、自分に与えられた賜物や時間、エネルギーなどを、自分を造り上げるためだけでなく、人に奉仕するために使っているでしょうか。「あなたがたの場合も同じで、霊的な賜物を熱心に求めているのですから、教会を造り上げるために、それをますます豊かに受けるように求めなさい」（一コリント14・12）。これは非常に大事なことです。

今日学んだパウロの言葉がわたしたちの信仰の糧となり、わたしたち一人ひとりがキリストの体の一部として、自分自身の存在を他者のために使っていく愛の原理で生きていくことができるように、恵みと力を願っていきたいと思います。

肉に従ってキリストを知ろうとはしません

神言修道会司祭　西　経一

今日のテーマとなっている言葉は、二コリント5章16節に記されています。パウロがコリントの教会に出した手紙は、現在、新約聖書の中にある第一と第二が残っています。しかし、実際はそれだけではなく複数の手紙があったと言われています。一コリントに、「わたしは以前手紙で、みだらな者と交際してはいけないと書きましたが」（5・9）とありますから、一コリント以前にもう一通の手紙があったということです。それは現在残っていません。その後に書かれたのが、聖書にある一コリントです。さらに、二コリントに「わたしは、悩みと愁いに満ちた心で、涙ながらに手紙を書きました」（２・４）と書かれていますから、涙ながらの手紙という三通目があるということです。これが、二コリントの終わりのほうの10章から13章と言われています。そして最後に書かれたとされている手紙が、二コリントの残りの1章から9章までということになっています。

今日はコリント書、ローマ書を通して、テーマである「肉に従ってキリストを知ろうとはしません」というパウロの言葉の意味を学び、皆さんの信仰の糧としていただけるようにと思っています。

肉に従う

「肉に従ってキリストを知ろうとはしません」、この「肉に従って」という言い方は、わたしたちにはあまりなじみのないものです。「あなたに従う」というのであれば分かりますが、「肉に従う」というのは、わたしたちには理解できない言葉です。ですから、この「肉」という言葉をまず見ていきたいと思います。これはギリシャ語のサルクスをそのまま翻訳しています。サルクスは、魚、豚、牛、羊などの肉全部に使われています。その「肉」に対して聖書で使われる言葉は「霊」で、そのギリシャ語はプネウマです。プネウマは聖霊とも訳されます。

パウロは、手紙の中でサルクスを度々使っています。最も多く使っているのはローマ書です。一コリント、二コリントとローマ書はパウロが書いたものですから、これらの手紙でサルクスという言葉の使い方を見ていきましょう。

肉に従って歩む者は、肉に属することを考え、霊に従って歩む者は、霊に属することを考えます。肉の思いは死であり、霊の思いは命と平和でありま す。なぜなら、肉の思いに従う者は、神に敵対しており、神の律法に従っていないからです。従いえないのです。

（ローマ8章5―7節）

ローマ8章では肉という言葉がよく使われ、「肉に従う者」と「霊に従う者」という二つが対比されて語られています。

次に一コリントを見ましょう。

兄弟たち、わたしはあなたがたには、霊の人に対するように語ることができず、肉の人、つまり、キリストとの関係では乳飲み子である人々に対するように語りました。わたしはあなたがたに乳を飲ませて、固い食物は与えませんでした。まだ固い物を口にすることができなかったからです。いや、今でもできません。相変わらず肉の人だからです。お互いの間にねたみや争いが絶えない以上、あなたがたは肉の人であり、ただの人として歩んでいる、ということになりはしませんか。

（一コリント3章1―3節）

「霊の人」というのは霊に従って生きる人、「肉の人」というのは肉に従って生きる人という意味です。ここでパウロは「肉の人」のありようを語っています。肉に従う生き方においては、ねたみと争いが絶えないということです。つまり比較と競争が肉の人の特徴ですから、比べ合いをして、そこに優越感や劣等感が生じ、威張ったり、ひがんだりするのです。比較と競争がなければ、ねたみなどは生じません。

人間の社会は比較と競争の世界です。学歴や地位はもちろん、持っている物、着ている服、果ては入院の日数や薬の種類さえ何でも自慢する材料になります。ここでパウロは、そういう人を乳飲み子と言っていますのです。何も分かっていないということです。聖歌「愛と慈しみのあるところ」に「ねたみと争いをさけ」という歌詞がありますが、愛と慈しみのあるところには神がおられ、そこにはねたみと争いはありません。比べ合いがないからです。原因がないから結果もないということです。

現実の生活ではねたみと争いは避けられません。それは、わたしたちが肉に従おうと思わなくても、肉の中で生きているからです。身長、体重だけを見ても、高い低い、重い軽いなどと比較しがちです。このことがいいとか悪いとかではなく、あるということです。そこから自由になるためには、わたしたちはどうしたらいいのか。パウロは「霊に従うべきだ」と言っています。

霊に従う

「霊に従う」ということは、比較と競争、優越感と劣等感、ねたみと争いがないということです。霊に従うこの生き方は、イエスの教えとまったく同じです。パウロは、イエスの教えを自分の言葉でユダヤ人以外の人たちに伝えたのです。イエスが神からゆえなく愛されていることが分かる箇所を見ましょう。イエスが洗礼を受けられるところです。

イエスは洗礼を受けると、すぐ水の中から上がられた。そのとき、天がイエスに向かって開いた。イエスは、神の霊が鳩のように御自分の上に降って来るのを御覧になった。そのとき、「これはわたしの愛する子、わたしの心に適う者」と言う声が、天から聞こえた。

（マタイ３章16―17節）

「これはわたしの愛する子、わたしの心に適う者」と天からの声が聞こえたのです。ここが大事なところです。この声は、神から理由なしに言われているのです。これは「あなたはわたしの愛する子、わたしはこれを喜ぶ」とも訳されています。この息子はわたしの喜びだということです。これは、イエスが洗礼を受けた直後に言われた言葉です。もしイエスが山上の説教をした後にこの声が聞こえたのであれば、イエスが神から愛されるのには、ゆえがある（理由がある）ことになります。「すばらしい説教をしたから、お前はわたしの愛する子、心に適う者だ」。あるいは奇跡を行った後にこの声が聞こえたのであれば、「すばらしい奇跡を行ったから、お前はわたしの愛する子、わたしの心に適う者だ」となります。ところがこの箇所では、イエスはただ水に浸かって上がっただけで、まだ何もしていません。そのイエスに、神は理由なく「あなたはわたしの愛する子、わたしの心に適う者。お前をわたしの喜びとする」と宣言されたのです。

皆さんも生まれたばかりの赤ちゃんをだっこする時、何もできないその赤ちゃんに「おー、よしよし」と言うでしょう。そこで「おー、悪い悪い」とは言いません。かける言葉、宣言は必ず、「よしよし」、「いい子いい子」です。その子がおむつを濡らしても、「よしよし」なのです。洗礼を受けたばかりの息子に、父である神が、「お前はわたしの愛する子」と言われるのと同じです。理由なしに「よし」です。その愛を受けたイエスも、空の鳥を見て言うのです。「空の鳥をよく見なさい。種も蒔かず、刈り入れもせず、倉に納めもしない。だが、あなたがたの天の父は鳥を養ってくださる」（マタイ6・26）。もし、その鳥が種を蒔いたかゆえなしではありません。よく働いたから、鳥にえさを与えるということです。そのようなところが神の国なのだ」と教えているのです。

　皆さんが亡くなって天国の門の前に立ったとき、その門が固く閉ざされていたとします。門番の天使は門を開ける前に、「お前は何をしたのか」と尋ねます。そのとき皆さんはこのように答えればいいのです。「わたしは何もしておりません」。「それで、お前は入る資格があると思うのか」と問われれば、「資格はございません。天国に入る理由も持ち合わせていません」と答えてください。天国の門は必ず開きます。これが天の国の鍵なのです。しかし、「わたしは週に一回は教会に行きました」、「バザーの手伝いもしました」、「これだけの活動をしました」などと理由を言うと、門は一切開きません。ルカ18章にあるように、ファリサイ派の人は「わたしは週に二度断食し、全収入の十分の一を献げています」と言いましたが、この人はよしとされなかったのです。理由は要らないのです。この「理由なし」の境地に遊ぶのが信仰の本質です。ゆえを求めると必ず競争になります。「わたしは週に一回ミサに真面目に行ったので……」となると、「わたしは行かない人よりいいです」となってしまうのです。

わたしたちは空気を吸って生きています。だからといって空気に「ありがとう」とは言いません。何も感じず、ただ吸って吐いているだけです。これは、ゆえなしです。皆さんは、家族のために毎日献立を考え、買い物に行き、食事を用意しておられると思います。それを家族は当たり前だと思って食べているでしょう。この当たり前というのが、理由がないということです。お礼も感謝もないけれど、今日も家族のために食事を作って、「食べてね」なのです。無償であること、感謝を期待しないこと、それが霊に従う生き方、ゆえなしです。そのゆえなしの世界にいるということが祈りです。本当の祈りは、退屈で何の感動もないかもしれません。ミサに行ったからといって、効果も効き目もないけれど、次の日も次の週も行くのです。それを神を愛する祈りと言います。何かいただけるので行くというのは、商売、交換、取引です。祈りとは言いません。

ですから、「肉に従う生き方はしません」という決意は、比較と競走、ねたみと争いの中でキリストを知ろうとは思いません、キリストはそういうところにおられませんということです。今日は、このことを心に留めていただきたいと思います。

パウロは、そういう考えの中で、肉と霊の二つを対比させます。霊に従う生き方は無償の愛であり、平和です。比較と競走があるところに平和はなく、争いがあると説くのです。皆さんは、自分の家庭、教会、社会における生活の中で何かをするとき、「わたしは、ゆえなくやっている」と心にかけてください。

聖性への道

ホシガラスの話をしましょう。

乗鞍岳の低いところにある松は上に伸びてまっすぐな木になるのですが、山頂近くにある松のハイマツは、標高が高く酸素が薄いので上に伸びていくことができず、地面に這って伸びていきます。そのハイマツの実である松ぼっくりを餌にして食べるホシガラスがいます。ホシガラスはハイマツの実を食べると、下のほうにある自分の巣に戻り、そこで糞をするのです。糞に残っている松の種はそこで蒔かれることになります。ところが、下で蒔かれたハイマツの種は、もともと高いところの植物ですから、下のほうでは成長することができません。ではどうしてハイマツは繁殖するのでしょうか。ホシガラスは欲張りですから、ハイマツの実を食べると、次の日の自分の分を取っておこうとして、山の上のほうに穴を掘り、その穴に実を埋めておくのです。しかしホシガラスは、次の日に山頂へ戻ってきた時には実を埋めた場所を忘れてしまっているので、実は残り、そこからハイマツが芽生えてくるのです。

わたしたちは、失敗したから、抜けているから、あるいは欲深いからだめだと思いがちですが、そうではないのです。そこから、神は新しい芽を伸ばしてくださいます。その日の食べる分だけでは満足せず、次の日の分まで隠して取っておくけれど、そこに戻ってきた時は前日に埋めた場所を忘れている。そのホシガラスのような欲深さ、愚かさを全部使って、神は新しい命を芽生えさせてくれるのです。人間も同じです。欲張りであっても、抜けているとしても、神はそのような人間を理由なく、そこから伸ばしてくださるのです。「わたしは罪深く、とても弱くて、何もいいことはできません」と言われる皆さんこそ、まさに神の恵みの宝庫なのです。いいことをしたから天国に行くのではないのです。

もし皆さんが、「わたしはこんなことをしました、こういうこともしました」と天国の門の前で叫んでも、「お前は傲慢」で終わりです。門の前で、「お前は入る資格があると思うのか」と聞かれれば、「何もありません」と答えてください。そうすれば天国の門は開きます。「ゆえなし」、それが皆さんの聖性への道です。何かを積み立てて天国に行くのではありません。

肉に従う生き方は、ねたみと争いが渦巻いて大変です。霊に従う生き方は楽です。霊のように軽やかに生きていくようにしてください。例えば、「おばあちゃん、今日はどうして教会に行くの」と聞かれた場合は、「ゆえなし」と答えてください。それを「バザーがあるのよ」、「世話をする人がいるのよ」などと理由をつけないで、「理由なんかないわよ」、「楽しいから行くのよ」と言ってください。また、子供たちが遊ぶということは、天の国に近いのです。子供たちは何か理由を求めて遊んでいるのではありません。やっていることが楽しいからです。皆さんもそうだと思います。お茶、お花、園芸などの趣味は、ゆえなく楽しいものでしょう。それに目的をつけていると駄目なのです。

ある高校の野球部の監督が子供たちに、「君たちはいつも一回戦でコールド負けしている。しかし、負けても頑張ってほしい。その頑張りによって、君たちに体力がつき、仲間を思う気持ちが育つ。それだけでなく自分を犠牲にする心も育つ」と教訓を垂れていました。それでわたしが、「今、先生が言っていたことはおまけの話だ。君たちは楽しいからやっているだけだと思う。その姿が、わたしはうれしい。だから別に体力をつけなくてもいい。協調性を身につけなくてもいい」と子供たちに話しました。協調性だ、体力だと言えば、また比較と競走になります。そういうことは自然に身についてくるものです。子供たちはそれが目的でやるのではなく、楽しいからやるのです。皆、甲子園に行きたくてやっているのではありません。野球が楽しい、それが本筋です。甲子園に行くというのは、とりあえずの目標です。とりあえずの目標を終の目標にしてはいけません。ただ楽しいからやる。それをゆえなし、霊に従うと言います。

パウロはこのことをローマ8章、9章のいろいろな箇所で話していますので、今日お話しした考え方で読んでいただければ、「肉に従って生きる」、「霊に従って生きる」とはどういうことかがよく分かります。それは、一貫してイエスの教えと同じなのです。

涙ながらの手紙に見るパウロの心

二コリント10章から13章の涙ながらの手紙には、パウロの個人的な思いが書かれています。涙ながらに書いているということは感情的になっているということですから、パウロの人間味あふれる本音がよく分かります。この箇所を読むと、パウロはこんな人だったのかということがありありと分かり、またパウロ個人の事情もよく分かります。その中のいくつかの言葉を読んでいきましょう。

「わたしは手紙であなたがたを脅していると思われたくない。わたしのことを、『手紙は重々しく力強いが、実際に会ってみると弱々しい人で、話もつまらない』と言う者たちがいるからです」(10・9―10)。「……と言う者たちがいるからです」というのは、ほとんどの人がそう言っている、そうだったということです。このようにパウロはいじけてしまうときがあるのです。

さらに言っています。「多くの者が肉に従って誇っているので、わたしも誇ることにしよう」（11・18）。誇るというのは、肉に従う業です。ここでは、彼は完全に感情的になっています。

実際、あなたがたは、喜んで愚か者たちを我慢してくれるでしょう。

「賢いあなたがたのことだから、喜んで愚か者たちを我慢してくれるでしょう。実際、あなたがたはだれかに奴隷にされても、食い物にされても、取り上げられても、横柄な態度に出られても、顔を殴りつけられても、我慢しています。言うのも恥ずかしいことですが、わたしたちの態度は弱すぎたのです。だれかが何かのことであえて誇ろうとするなら、愚か者になったつもりで言いますが、わたしもあえて誇ろう」（11・19―21）。パウロは皮肉たっぷりに、あえて肉に従って話そうと言うのです。

彼らはヘブライ人なのか。わたしもそうです。イスラエル人なのか。わたしもそうです。アブラハムの子孫なのか。わたしもそうです。キリストに仕える者なのか。気が変になったように言いますが、わたしは彼ら以上にそうなのです。苦労したことはずっと多く、投獄されたこともずっと多く、鞭打たれたことは比較できないほど多く、死ぬような目に遭ったことも度々でした。ユダヤ人から四十に一つ足りない鞭を受けたことが五度。鞭で打たれたことが三度、石を投げつけられたことが一度、難船したことが三度。一昼夜海上に漂ったこともありました。しばしば旅をし、川の難、盗賊の難、同胞からの難、異邦人からの難、町での難、荒れ野での難、海上の難、偽の兄弟たちからの難に遭い、苦労し、骨折って、しばしば眠らずに過ごし、飢え渇き、しばしば食べずにおり、寒さに凍え、裸でいたこともありました。このほかにもまだあるが、その上に、日々わたしに迫るやっかい事、あらゆる教会についての心配事があります。だれかが弱っているなら、わたしは弱らないでいられるでしょうか。だれかがつまずくなら、わたしが心を燃やさないでいられるでしょうか。誇る必要があるなら、わたしの弱さにかかわる事柄を誇りましょう。（二コリント11章22—30節）

パウロ自身の苦労の話が出ています。「ずっと多く、ずっと多く」と比較級の言葉になっていますが、これは肉に従って誇っているということです。まさに彼の労苦が激した感情で書き連ねられています。人間は肉に従って生きてはだめだと分かっているのですが、肉に従って生きてしまう。それがパウロのこの文章でよく分かります。本当は解放されたい、そういうところから自由になりたいと思っているのですが、どうしてもそこから抜けられない。そういう本音がここに数多く書かれています。パウロもわたしたちと同じように、他と比べたり、自分を誇りたい心があり、それをぐっと押さえて、人々に説いていったのです。なぜかと言うと、肉に従う者の愚かさをパウロ自身がよく知っていた、パウロ自身もそういう中に漂っていたからです。皆さんには二コリントのこの部分を、自分自身を思い浮かべながら、何度でも読んでいただきたいと思います。聖人であるパウロの感情がこもった、涙ながらに書かれた手紙です。

このように愚痴をこぼしたパウロですが、12章を見てください。

また、あの啓示された事があまりにもすばらしいからです。それで、そのために思い上がることのないようにと、わたしの身に一つのとげが与えられました。それは、思い上がらないように、わたしを痛めつけるために、サタンから送られた使いです。この使いについて、離れ去らせてくださるように、わたしは三度主に願いました。すると主は、「わたしの恵みはあなたに十分である。力は弱さの中でこそ十分に発揮されるのだ」と言われました。

（二コリント12章7―9節）

悩み、苦しみ、比較し、競争する気持ちがあふれていたパウロに、イエスは「わが恵み、汝に十分なり」と言われたのです。ですからイエスに向かうときは、どんなにつらいことがあっても、「主よ、あなただけで十分でございます」と祈る。これが信仰する者の言葉、祈りです。わたしたちが「イエス様、わたしはこのような苦労をすることは人よりもずっと多く、心配事も多いのです」と訴えるとき、イエスは、「わたしの恵みはあなたに十分である」と言われるのです。そして、イエスの愛に触れることで、わたしたちは「あなただけで十分です」と祈れるようになりたいものです。

彼はさらに言います。「だれが、キリストの愛からわたしたちを引き離すことができましょう。艱難か。苦しみか。迫害か。飢えか。裸か。危険か。剣か」（ローマ8・35）。

わたしは確信しています。死も、命も、天使も、支配するものも、現在のものも、未来のものも、力あるものも、高い所にいるものも、低い所にいるものも、他のどんな被造物も、わたしたちの主キリスト・イエスによって示された神の愛から、わたしたちを引き離すことはできないのです。

（ローマ8章38—39節）

このようにパウロは信仰を宣言し、8章を結んでいるのです。

霊に従う人のイエスへの祈りは、「主よ、わたしはあなただけで十分です」という言葉です。これが大切な祈りです。ですから皆さんがその祈りを繰り返されれば、きっと、霊に従う生き方が身についてきます。家庭生活においても、家族からの感謝を期待するのではなく、「主よ、あなただけで十分でございます」と祈る皆さんは、ゆえなしの愛を生き抜くことができるということです。

司祭、修道者は、貞潔、清貧、従順の三つの誓願を立てます。それは、「主よ、あなただけで十分です」ということです。人に執着せず、主以外の人を追いかけないことが貞潔です。ものにこだわらず、ほかには何も要りませんということが清貧です。従順は、自分の思いではなく、主のみ旨に従うことです。イエスのこの教えは、わたしたちにとっても信仰の根幹です。これが、霊に従って歩む者へのイエスの教えなのです。

「すなわち、肉による子供が神の子供なのではなく、約束に従って生まれる子供が、子孫と見なされるのです」（ローマ9・8）。約束というのは神の義、み旨です。神が自由に選ばれる、神の選びによるということです。肉と霊、肉と約束、この対比があります。肉によるというのは血のつながり、血縁を言います。「イエスは、血のつながりによって生まれた子供ではない」というのが、「マリアはおとめで子供を産んだ」という信仰になっているのです。それは神が自由に選ばれ、イエスをマリアの子とされたのです。

おわりに

「肉に従ってキリストを知ろうとはしません」というこのテーマのキーワードは「肉」です。肉に従って知ろうとはしませんというのは、後ろ向きの表現ですが、前向きの表現であれば、「霊に従って知ります」ということです。

パウロの書いた手紙の中で最も重要な箇所は、ローマ8章、9章です。まず8章は、「肉に従う」ということと「霊に従う」ということの二つが対比されて書かれています。そして「肉に従う」生き方は、ねたみと争いを特徴とし、「霊に従う」生き方は、理由なし、ゆえなしであり、そこには平和があります。

9章は、「肉による子供」と「約束による子供」について書かれています。肉による子供というのは、血のつながりによる子供ということです。約束によるというのは、神の自由な選びによる子供です。ですからわたしたちキリスト者は、血のつながりによって兄弟と言われるのではなく、神に選ばれた子供として兄弟だということです。それがさらに、人類は皆兄弟ということにもつながっていくのです。

二コリント13章の最後を見ましょう。

終わりに、兄弟たち、喜びなさい。完全な者になりなさい。励まし合いなさい。思いを一つにしなさい。平和を保ちなさい。そうすれば、愛と平和の

> 神があなたがたと共にいてくださいます。聖なる口づけによって互いに挨拶を交わしなさい。すべての聖なる者があなたがたによろしくとのことです。
> 　主イエス・キリストの恵み、神の愛、聖霊の交わりが、あなたがた一同と共にあるように。
> （二コリント13章11－13節）

ここは涙の手紙の結びです。「完全な者になりなさい」というのは、ゆえなしで生きる者になりなさいということです。パウロが最も言いたかったことなのです。最後の言葉はミサの始めの挨拶の言葉です。ミサの時に、開式の挨拶は二コリントの涙ながらの手紙の結びの言葉でもあることを想起してください。

皆さんには、「主よ、あなただけで十分です」という祈り、そして「ゆえなし」、「霊に従う」というパウロの教えを大切にして、これからの信仰生活を歩んでいただきたいと思います。

わたしは戦いを立派に戦い抜き、決められた道を走りとおした

聖パウロ修道会司祭　鈴木　信一

はじめに

「あなたの人生において最大の関心事は何ですか」と問われれば、皆さんは何とお答えになりますか。その答えはさまざまでしょうが、パウロが同じように問われるなら、「それはキリストだ」と即答すると思います。どんな時にあっても、キリストがパウロの中心でした。もちろん最初からそうだったわけではありませ

ん。キリキアの町タルソスで生まれ、そこで青年時代を過ごし、やがてダマスコにおいて大きく変えられていくという歩みを経てのことです。その後の彼の歩みは決して平坦ではありませんでした。確かなことは、キリストの使徒としてさまざまな体験をしながらローマでその生涯を閉じるまで、パウロはキリストへの歩みを少しずつ深めていったということです。

今日のテーマ「わたしは、戦いを立派に戦い抜き、決められた道を走りとおし、信仰を守り抜きました」（二テモテ4・7）というパウロの言葉は、人生の終わりの時に言われたかのような感じを受けます。晩年、あるいは不可抗力な力によって死が目前に迫っているような状況のときに言われたのかもしれません。パウロがローマで処刑されたのは、彼が六十歳を少し過ぎたくらいの時ではないかと思われます。その時に人生を振り返って言った言葉かもしれませんが、もっと力に満ちている頃の言葉だったかもしれないなとわたしは思うのです。この「わたしは、戦いを立派に戦い抜き、決められた道を走りとおした」という言葉には、「わたしはしっかりやった」という思いが表れていますが、パウロは別の機会に、次のように言っています。「なすべきことはただ一つ、後ろのものを忘れ、前のものに全身を向けつつ、神がキリスト・イエスによって上へ召して、お与えになる賞を得るために、目標を目指してひたすら走ることです」（フィリピ3・13–14）。このように、いつでも、どこでも、ひたすら前に向かって走るのがパウロだったと思うのです。

回　心

パウロはキリストに出会う前はユダヤ教徒として育てられ、ファリサイ派に属し、律法を人生の柱として歩んでいました。彼はそのことを次のように語っています。

わたしは生まれて八日目に割礼を受け、イスラエルの民に属し、ベニヤミン族の出身で、ヘブライ人の中のヘブライ人です。律法に関してはファリサイ派の一員、熱心さの点では教会の迫害者、律法の義については非のうちどころのない者でした。

（フィリピ3章5–6節）

その彼に、あのダマスコにおけるキリストとの出会いがありました。

サウロは地に倒れ、「サウル、サウル、なぜ、わたしを迫害するのか」と呼びかける声を聞いた。「主よ、あなたはどなたですか」と言うと、答えがあった。「わたしは、あなたが迫害しているイエスである。」

（使徒言行録9章4－5節）

熱心なファリサイ派だったパウロは、キリスト者を迫害しようとダマスコに向かっていた時、キリストに捕らえられ、ここで彼の人生は大きく変わりました。「なぜ、わたしを迫害するのか」という呼びかけに対して、パウロは、「主よ、あなたはどなたですか」と問います。その時のパウロは、イエスがいったいどういう方なのかはよく知りませんでした。確かなことは、「新しい主に捕らえられた」ということです。この時から、パウロのまったく新しい歩みが始まりました。

それまでパウロが持っていた絆、律法を中心としたすべての絆は崩れていきました。キリストとの出会い、キリストとの絆によって、それまでの友人関係、仕事、そして家族との絆さえもパウロは失いました。それはパウロにとって生涯の痛みとして残りました。パウロにとっても家族の絆は大切なものでした。しかし、それでも彼はキリストに従っていったのです。キリストとの絆は、それまでの律法を基本として築かれていた人間関係、人生観、価値観を崩壊させました。パウロはキリストを得た代償として、すべてを失ったと感じました。

キリストのゆえに、わたしはすべてを失いましたが、それらを塵あくたと見なしています。キリストを得、キリストの内にいる者と認められるためです。
（フィリピ３章８―９節）

わたしはキリストに結ばれた者として真実を語り、偽りは言わない。わたしの良心も聖霊によって証ししていることですが、わたしには深い悲しみがあり、わたしの心には絶え間ない痛みがあります。
（ローマ９章１―２節）

後者はローマの信徒への手紙に書かれた言葉ですから、パウロの宣教活動の終わりの頃の心境を表していると考えていいでしょう。その時に、彼はこういう深い悲しみ、絶え間ない痛みがあると言うのです。さらに続きます。

> わたし自身、兄弟たち、つまり肉による同胞のためならば、キリストから離され、神から見捨てられた者となってもよいとさえ思っています。
> （ローマ9章3節）

パウロにはこういう心境があったにもかかわらず、それに勝るキリストへの思いがあったのです。

キリストに仕える者としてのパウロの歩み

パウロの歩みを見ていくうえで、わたしは三つのポイントを挙げたいと思います。一つ目は、パウロのキリスト「理解」です。ダマスコでのキリストとの出会いから、彼の中でのキリスト理解がどれほど深まっていったのか、これがとても大切なことだと思います。キリストを知るということは、ただ単に頭で知るというだけではありません。それは、キリストを思う、キリストを愛する、キリストに従う、そういうことが全部含まれています。また、キリストがどれほどの方であるかということに対する理解でもあります。

二つ目は、パウロのキリストへの思い、キリストへの「愛」です。これもパウロの中で徐々に深められていきます。初めからパウロにキリストへの愛があったとは考えられません。ダマスコでの出会いの時、「主よ、あなたはどなたですか」と言ったパウロの思いは、「だれが、キリストの愛からわたしたちを引き離すことができましょう」（ローマ8・35）と言うまで深められていきました。

三つ目は、キリストに「従う」ことです。パウロにとって、キリストに従って生きるということは宣教者として歩むということでした。ダマスコでの出会いから、パウロの中ですべてがキリストを中心に展開していきました。

キリストを「知る」こと、キリストを「愛する」こと、キリストに「従う」ことによって、パウロの歩みは深められていきました。その結果として、「わたしは戦いを立派に戦い抜き、決められた道を走りとおした」と振り返るパウロが生まれたのです。

キリストの領域に置かれる

この講座の会場である河原町教会の聖堂に入ると、正面はステンドグラスです。その上のほうに小羊のキリストが描かれ、その周り全面に大小さまざまな色と形のステンドグラスがはめ込まれています。わたしはそのステンドグラスを見て、それがパウロの思い、パウロの人生を理解するのに適しているなと思います。それは上にいくにしたがってスーッ

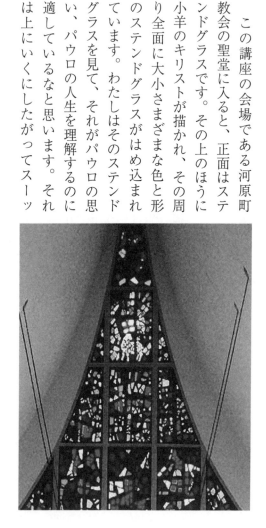

と細くなっていて、一つにまとまり、一つの方向性を示しています。小羊以外のものは意味なく置かれているように見えますが、それらは上のほうへとまとめられていき、その真ん中に小羊、つまりキリストが描かれています。そして、その小羊に向かって、下から上へ明確な道が一本スーッと走っているように見えます。わたしには、これがパウロの精神性をよく表していると思えるのです。さまざまな色と形のステンドグラスは、わたしたちの人生のさまざまな出来事の一つひとつです。キリストに出会い、歩んでいくわたしたちの人生にはいろいろな出来事がありますが、その一つひとつが確かに小羊に向かう方向性を持っていると思うのです。その出来事の中には、いいことだけではなく、悲しいこと、つらいこと、人には言えないようなこともたくさんあるでしょう。しかし、わたしたちにとってそれらが中心ではありません。

パウロにおいては、一本の明確な道がスーッと走っていて、彼の人生におけるすべての出会い、すべての絆、すべての出来事がキリストへと向かっているのです。その一つひとつが、それぞれの位置にありながら、確かにキリストへ向かっています。ステンドグラスの一つひとつは、その一本の道が大事だということを示しているかのように、小羊へと向かっています。すべてが小羊へと向かうステンドグラス全体は、「キリストの領域」を表していると言えるのではないでしょうか。わたしたちの人生におけるすべての出来事を含め、わたしたちは確かに「キリストの領域」にすでに置かれているのです。

「キリストの領域に置かれている」ということはどういうことでしょうか。キリストの領域でない領域、つまりこの世界、人類の歩みを見てください。また、皆さん一人ひとりが自分自身を見てください。このわたしは、かつてはキリストの領域にはいませんでした。死に支配され、所詮そこから逃れることはできないのがわたしでした。人を愛したくても愛せない、愛を受け止めようと思ってもできない、人を傷つけてしまい、人との絆を豊かに持つこともできない、どうしようもない貧しさを持っているわたしたちです。親子の絆にあってもそうです。親の子に対する思いが、子をいつも豊かに育てるわけではなく、しばしば子をゆがめ、傷つけもする。子の親に対する思いにも、両者の幸せを導く保証はまったくない。ほかの人には、ついつい無関心に、冷淡になっていくわたしたち。そして、争いを続け、不信感、憎しみを持ち、恨みを捨てることができないわたしたちです。その意味で、わたしたちは罪に支配され、死に支配された領域に生き、そしてそこで死んでいくはずだったのです。

しかし、パウロはわたしたちに言います。「わたしたちは洗礼を受け、キリストに結ばれた者となったではないか。それは、死の領域、罪の領域からキリストの領域に移されたということなのだ。そのことを心得よ」と。それに対してわたしたちは、「わたしたちは死ぬではないですか、罪を犯し続けるではないですか。それでキリストの領域にいると言えるのですか」と反論します。パウロは答えます。「それでも、確かにわたしたちはキリストの領域にいる。死に飲み込まれるなら、それはキリストの領域において死に飲み込まれるということだ」と。わたしたちは罪を犯し続けます。それは、すでにキリストの領域にいるわたしたちが、キリストの領域において罪を犯すのだということです。わたし個人の力では、死に対して、罪の力に対して何もできないでしょう。しかし、キリストの領域に置かれた者として、キリストがわたしを清めてくださる。キリストが、その死の力からわたしを解放してくださる。キリストの領域に置かれているわたしたちが生き、死ぬなら、キリストの領域に置かれた者として生き、そして死ぬのです。

パウロは、「わたしたちはすでにキリストの領域に置かれているのだから、置かれていることを自覚し、置かれた者にふさわしい歩みをしよう」とわたしたちに呼びかけます。しかし、わたしたちは日常生活において、あたかもキリストの領域に置かれていない感覚、死の領域に置かれている感覚で生きています。まず、そこを変える必要があるのではないでしょうか。いいことも、悪いこともあります。それでもわたしたちは、キリストの領域に移された者として日々を生きているという自覚をしっかりと持ちたいものです。この領域の中央の高いところに、神の小羊、キリストがおられます。このキリストがどれほどの方であるかということが分かれば分かるほど、キリストの領域に移されていることの意味が分かってきます。キリストが、どのような思いを持っておられたのかということを知れば知るほど、わたしたちはキリストへと駆り立てられていくでしょう。まさしく、パウロの生きざまが、それをよく表しています。

わたしたちは、口では「イエス・キリストを信じます」と言うのですが、すぐにこの世の生活に流されてしまいます。しかし、パウロの人生においては、キリストが間違いなくいつも真ん中にありました。彼の宣教活動、彼の痛みも苦しみも喜びも悩みも、すべてがしっかりとキリストに向かっていました。これがパウロの人生でした。

わたしは、あのステンドグラスの中に小羊へと向かう一本の道を感じます。パウロの歩みがまさしくそうであっただろうと思えるのです。さらに言うなら、パウロは小羊の上のほうに御父である神を見ていました。ですからパウロは、「わたしは神によって、キリスト・イエスの使徒とされた」という言い方をしました。神によって「キリストに仕える者となれ」と任じられたというのが、パウロの自己理解でした。

キリストを知る

パウロのキリストに向かうまっすぐな道は、主である方に仕える僕としての道でした。彼にとってそれは、キリストを告げるという歩み、キリストを愛するという思い、キリストの豊かさを知ることへの渇きであったと思います。キリストへ向かう者であること、それがパウロの人生の根幹にありました。では、「キリストを知る」を聖書で見ていきましょう。

そればかりか、わたしの主キリスト・イエスを知ることのあまりのすばらしさに、今では他の一切を損失とみています。キリストのゆえに、わたしはすべてを失いましたが、それらを塵あくたと見なしています。

（フィリピ3章8節）

「キリストを知ることのあまりのすばらしさ」、これは最初からパウロにあったものではありません。最初はあくまでも、「主よ、あなたはどなたですか」というレベルです。そのレベルからパウロはキリストを知り、キリストを見つめる歩みをどこまでも深めていきました。

また、パウロは次のようにも言っています。

たとえ、話し振りは素人でも、知識はそうではない。そして、わたしたちはあらゆる点あらゆる面で、このことをあなたがたに示してきました。

（二コリント11章6節）

パウロは「あの話し振りは何だ。素人じゃないか」と言われたのです。パウロはそれを認めます。「あなたがたの間で面と向かっては弱腰だが、離れていると強硬な態度に出る、と思われている、このわたしパウロが……」（二コリント10・1）、さらに「わたしのことを、『手紙は重々しく力強いが、実際に会ってみると弱々しい人で、話もつまらない』と言う者たちがいる」（二コリント10・10）と書き記しています。きっとこれが実際のパウロでしょう。わたしたちは手紙を読むと、パウロは雄弁で力強い人だと思うのですが、コリントでは「なんだ、この程度か」と言われたのです。しかし、そのパウロが言うのです。「たとえ、話し振りは素人でも、知識はそうではない」（二コリント11・6、傍点筆者）。ここに、「キリストを知る」に対するパウロの思いが表れています。「知る」というのは、ただ単に知的に知るという意味ではなく、キリストがどのような方であるかをしっかりと深めていくということです。パウロにはキリストに対する深い知識があり、これがパウロの原動力になっていました。

パウロは、キリストをどのように知ろうとしていたのでしょうか。キリストに対する知識はどのようなものかと問われると、「肉に従ってキリストを知ろうとはしない」（二コリント5・16参照）とパウロは答えます。肉によってキリストを知ろうとはしないという思いがパウロの中にありますから、イエスの教えや業、イエスが実際に歩まれた場所などについては、パウロはまったく語らないのです。パウロの手紙には、イエスの教え、イエスがどこからどこへ行かれたのか、どのような癒やし、奇跡をされたかについては、ほとんど何も書かれていません。イエスの教えや業は、パウロの手紙の後に書かれた福音書には記されていますが、パウロの手紙には書かれていません。イエスの言葉、イエスの業を書いた福音書と、イエスがわたしたちにとってどういう方なのかをひたすら見つめていったパウロの手紙によって、わたしたちはイエスをより深く知ることができるのです。

パウロは、イエスを知るという歩みの中で、イエスの死、イエスの復活、そしてイエスの愛を学びました。パウロは、ほかは要らないという感じでこの三つのことを深めていったのです。あくまでも、彼のまなざしの中心にあるものは、キリスト・イエスです。

パウロがイエスの死、イエスの復活の大切さを学び、注目していった出発点は、パウロが自分で考えたものではなく、与えられたものでした。一コリントでこのように書いています。

最も大切なこととしてわたしがあなたがたに伝えたのは、わたしも受けたものです。すなわち、キリストが、聖書に書いてあるとおりわたしたちの罪のために死んだこと、葬られたこと、また、聖書に書いてあるとおり三日目に復活したこと、ケファに現れ、その後十二人に現れたことです。

（一コリント15章3―5節）

パウロが言っているのは、わたしたちにとって最も大切なことは、キリストが死んで、葬られ、復活し、現れた、すなわちキリストの出来事だということです。パウロがこれを伝えられ、また伝えていったとき、まだ「キリスト者」という言葉は存在していませんでした。公教要理やカトリック教会のカテキズムなどはもちろん論外です。

「キリストが、死んで、葬られ、復活し、現れた」という言葉の主語はキリストであり、動詞は死んだ、葬られた、復活した、現れたという四つです。「聖書に書いてあるとおりわたしたちの罪のために死んだこと」、キリストの死が「わたしたちのために」ということは、キリストの思いがそこにあるということを信じた者の言葉です。「キリストの死はわたしたちのためだ。君はこれを信じるか」と問われ、パウロは「はい」と答えたのです。

その後パウロは、「キリストとはいったい誰なのか」ということを誰よりも深めていきましたが、その出発点は、パウロに与えられたこの教えだったのです。「キリストがわたしたちの罪のために死んだ」、パウロはこの言葉を手がかりにしながら、キリストを深めていきました。そしてパウロは、自分がまだ罪人であった時、ファリサイ派の一員としてひたすら生きていた時、「主は、このわたしのために惜しげもなく死んでくださったのだ」と気づくのです。ダマスコでの出会いの前のパウロが、ファリサイ派としてキリスト者を迫害していたにもかかわらず、こんな自分のためにキリストは惜しみなくご自身を与えてくださった。これがキリストなのだ。ここにキリストの愛があり、神の愛がある。このようにパウロは深めていきました。

ローマの信徒への手紙を見てみましょう。

実にキリストは、わたしたちがまだ弱かったころ、定められた時に、不信心な者のために死んでくださった。正しい人のために死ぬ者はほとんどいません。善い人のために命を惜しまない者ならいるかもしれません。しかし、わたしたちがまだ罪人であったとき、キリストがわたしたちのために死んでくださったことにより、神はわたしたちに対する愛を示されました。

（ローマ5章6—8節）

「キリストがわたしたちの罪のために死んだこと、それによって神が愛を示された。これが最も大切なことだ」。これは、キリストの死を神の愛の現れとして受け止めたヨハネとよく似ています。しかし、微妙に違うところもあります。ヨハネは「友のために命を捨てる以上に大きな愛はない」と言い、パウロは「キリストは罪人のために死んだ」と言うのです。ヨハネは、イエスから「わたしはあなたがたを僕とは呼ばない。友と呼ぶ」と言われました。ヨハネの中には、キリストは友のために死んでくださった、自分はキリストの友とされた、キリストは最高の愛を示してくださったという思いがあります。ヨハネはキリストの愛を自分の体験の中でとらえていたのでしょう。これに対してパウロは、「わたしが罪人であったとき、このわたしのためにキリストは死んでくださった。ここに愛が現れた」と言い、「キリストがわたしたちの罪のために死んだこと」の意味を深めていきました。

パウロが教えられたキリストの死の意味は、「わたしたちの罪のために死んだ」という表現で表されていますが、それは次のことにつながっていきます。罪によってわたしたちに死が入ってきました。罪は律法を通して来るのです。そして、罪、律法、死は、パウロの中で一つになるのです。「キリストはわたしたちの罪のために死んだ」、このひと言からパウロが言いたいのは、「キリストの死によって、わたしたちは、まず罪から解放され、罪の領域からキリストの領域へ移された。さらに、死の領域からもわたしたちは移された」ということです。それは、わたしたちが「律法の支配する領域」からキリストの領域へと移されたということであり、もはやわたしたちは律法の支配のもとにはないということでした。

「わたしたちの罪のために」、このひと言が意味することを、パウロなりに深めていきました。わたしたちは、罪から解放される、死から解放されることは大切に受け止めていません。しかし、律法からの解放があるということには関心を払いません。パウロは違います。キリストの死、そして律法からの解放ということは、パウロの中では離すことができないものとして受け止められていました。それは、パウロが人生の中で、イエスの死を受け止め、見つめていった結果です。こういう歩みは一日でできるものではなく、長い歩みの中で見つめ、深めていったものと言えるでしょう。

「キリストがわたしたちの罪のために死んだ」、この「ために」という言葉が大切です。「キリストはわたしたちのために死んだ。あなたは、これを信じますか」。この問いに「はい」と答えるあなたは、どのようなあなたになっていくのでしょうか。パウロは、「はい」と言うだけでは足りないと感じました。わたしたちのために死んでくださった。ここに愛があると気づいたパウロは、「キリストが注いでくださる愛に、わたしも応えたい！」と感じたのです。キリストが、ご自分の命をわたしたちのために与えてくださった。だから、わたしたちが生きているのはキリストのためであり、死ぬのもキリストのためなのだ。生きていても死んでいても、キリストのものとして歩もう。このように彼は応答していったのです。

わたしたちの中には、だれ一人自分のためにに生きる人はなく、だれ一人自分のために死ぬ人もいません。わたしたちは、生きるとすれば主のために生き、死ぬとすれば主のために死ぬのです。従って、生きるにしても、死ぬにしても、わたしたちは主のものです。

（ローマ14章7－8節）

これは、ダマスコの出会いの時から三十年余り後に記されたパウロの気づきであり、決意です。

洗礼を受ける

キリストの死、キリストの出来事によって、わたしたちはキリストの領域に入れられました。そして、そこにはキリストへの道があります。わたしたちの人生、そして人生におけるさまざまな出来事はすべて、キリストの領域で起こっているのです。「キリストの領域に入れていただいた者としてふさわしい方向を持って生きていこう」、それがパウロです。

このようにキリストへと一つに集められたのがわたしたちだということを表す

一つの儀式があります。それが洗礼です。わたしたちは洗礼を受けることによって、キリストの領域に入れられました。ですから、洗礼を受けたわたしたちは、受けた恵みにふさわしく歩んでいくことが大切です。

ローマの信徒への手紙で、パウロは洗礼のことを思い起こしています。最も大切なこととしてパウロが受けた、キリストの死、葬り、復活、弟子たちへの現れ、それが洗礼の秘跡と結びつけられて語られています。

それともあなたがたは知らないのですか。キリスト・イエスに結ばれるために洗礼を受けたわたしたちが皆、またその死にあずかるために洗礼を受けたことを。わたしたちは洗礼によってキリストと共に葬られ、その死にあずかるものとなりました。それは、キリストが御父の栄光によって死者の中から復活させられたように、わたしたちも新しい命に生きるためなのです。

（ローマ6章3―4節）

キリスト・イエスに結ばれたということは、わたしたちがどんな者であってもキリストの領域に入れていただいたということです。それが洗礼だとパウロは言っているのです。洗礼を受けるということはキリストの死にあずかることです。この「死にあずかる」ということについても、パウロはパウロなりに深めていきました。キリストの死にあずかるために洗礼を受けたこと、それは、今までの自分ではない者、新しく生まれ変わった者となったということです。ですから、新しい自分にふさわしい生き方をしようという思いがパウロの根底にはあります。

洗礼によって、わたしたちはキリストと共に葬られ、その死にあずかる者となりました。それは、キリストが御父の栄光によって死者の中から復活させられたように、わたしたちも新しい命に生きるためです。パウロが教えられた最も大切なことは、キリストの出来事でした。ですからパウロは、洗礼を受けるということは、この最も大切なことにあずかることだと理解していったのです。洗礼とは、キリストと共に死ぬこと、キリストと共に葬られること、キリストと共にその復活にあずかるということなのです。

「キリストの現れにあずかる」ということは、わたしたちがキリストに現れていただいた者として、キリストの証し人となって生きていくということです。これがキリスト者ということであり、パウロの宣教の根本でした。キリストとの絆に勝るものは何もない、家族の絆さえ、キリストとの絆に勝るものではない。これがパウロの人生観でした。

わたしたちもパウロと同じように、キリストをしっかりと中央に置いて、キリストに向かって歩んでいきたいものです。わたしたちの老い、死もそこに位置づけて生きたいものです。生きるにしても死ぬにしても、あくまでも中心はキリストなのですから。

しかしわたしたちは、なかなかそうはいきません。それは、わたしたちがキリストのすばらしさをパウロほど深く受け止めていないからでしょう。パウロは、「すべてを失ったけれども、キリストのすばらしさを思えばそれでいい」というところまで深めています。一方、わたしたちは「キリストのすばらしさを深めていくことも大切に思うけれど、やはり今いるところにも未練がある」となります。そこがパウロとわたしたちの違いでしょう。

パウロは、自分からキリストに向かって歩んでいったのではありません。出発点はあくまでも、「キリストに捕らえられた」という受け身の体験です。

わたしが福音を告げ知らせても、それはわたしの誇りにはなりません。そうせずにはいられないことだからです。福音を告げ知らせないなら、わたしは不幸なのです。自分からそうしているなら、報酬を得るでしょう。しかし、強いられてするなら、それは、ゆだねられている務めなのです。

（一コリント9章16－17節）

しかし、パウロは捕らえられたという受け身のままではありませんでした。捕らえられた後、自分のほうからも何とかしてキリストを捕らえようと、能動的に応えていきました。

わたしは、既にそれを得たというわけではなく、既に完全な者となっているわけでもありません。何とかして捕らえようと努めているのです。自分がキリスト・イエスに捕らえられているからです。兄弟たち、わたし自身は既に捕らえたとは思っていません。なすべきことはただ一つ、後ろのものを忘れ、前のものに全身を向けつつ、神がキリスト・イエスによって上へ召して、お与えになる賞を得るために、目標を目指してひたすら走ることです。
（フィリピ3章12－14節）

これがパウロの心境です。パウロには強いられているという思いがあります。しかし、ただ強いられているだけのパウロではありません。「誇りをもって生き、ゆだねられた務めを果たしていく」という能動的なパウロになっていったのです。

パウロは死をどのように見つめ、どのように人生を振り返ったか

パウロの気持ちになってパウロの人生を振り返ってみましょう。パウロにとって最も大切なこと、それはキリストです。

「キリストがわたしの人生のすべてだ。その出会いは、確かにダマスコの時にあった。その時まで、わたしはそんなことは思いもしなかった。しかし、そこでキリストに捕らえられ、そこからわたしは、ただひたすらキリストのすばらしさに魅せられた者として歩み始めた。初めはそのすばらしさに気づかなかったけれ

ど、キリストの死と復活とを見つめていく中で、キリストのすばらしさにどんどんと気づかされていった。キリストの救いの力に、キリストの愛の激しさに、わたしは圧倒されていった。キリストがわたしに走れと言われたから、わたしは精いっぱい走った。キリストに仕える者として生きよと言われたから、わたしはキリストに仕える者として生涯をささげた。さまざまなことがあり、多くの人たちとの出会いがあった。そしてその絆を大切にしてきた。わたしは、ローマ、コリント、ガラテヤ、フィリピ、テサロニケ、フィレモンに手紙を書き送った。それらの手紙はすべて、キリストに向かうまっすぐの道と、そこで起こっている出来事についてだった。それらはすべてキリストゆえにであり、キリストに応えるためだった」。

だれが、キリストの愛からわたしたちを引き離すことができましょう。艱難か。苦しみか。迫害か。飢えか。裸か。危険か。剣か。（ローマ8章35節）

わたしは、キリストとその復活の力とを知り、その苦しみにあずかって、その死の姿にあやかりながら、何とかして死者の中からの復活に達したいのです。

（フィリピ3章10―11節）

「あなたの人生は何だったのですか」と聞かれたとしたら、あなたはどのように答えますか？　あなたの人生でいちばんの宝は何ですか？　ある人にとっては業績かもしれません。ある人にとっては出会いから生まれた絆かもしれません。パウロにとって、それは「主よ、あなたです。わたしの人生のすべて、生きることと死ぬことを含めたすべてが、あなたによって意味を持ちます。あなたこそ、わたしのすべてです」と言うことでしょう。

おわりに

わたしたちは、パウロを学ぶことによって、キリストのすばらしさにもっと気づいていくことができるでしょう。「わたしたちは、すでにキリストの領域に入れていただいている。その領域の中心にはキリストがおられる」ということを、しっかりと心に刻み、味わうことから始めてみましょう。ここにパウロの極意があるように思います。これが意味することをしっかりと深めていけばいくほど、わたしたちはパウロのように、キリストに魅せられていくのではないでしょうか。そして、わたしたちもパウロのように新しく生まれ変わることができれば、どんなにすばらしいでしょう。

今回の講座を通して、皆さんの生活の中で、パウロのイメージが少しでも豊かになり、何よりもパウロの生きざまからわたしたちが何かを学ぶことができればと願っています。「わたしたちが死の支配からキリストの領域に移されたことを思い起こそう。わたしたちはキリストの領域の中で今を生きている。そして、キリストの領域に置かれた者として生き、死を迎える。そのことをしっかりと受け止めなさい」。これがパウロの極意であり、わたしたちへのパウロのアドバイスではないでしょうか。

実は、この極意の根底にあるのが「愛」なのです。このことに少しだけ触れておきたいと思います。パウロの極意の中心はキリストですが、キリストの中心には愛があるとパウロは見抜きました。だからパウロは愛にこだわり、キリストの愛に応えようとしました。パウロから愛の賛歌（一コリント13章参照）が生まれたのは偶然ではありません！　キリストの領域に置かれた者はキリストの愛の領域に置かれているのです。キリストの愛の領域に置かれた者がいちばんこだわるべきは愛です。これはパウロの揺るぎない確信でした。

一つだけ例を挙げます。ローマの共同体の例です。パウロの時代のローマの共同体は、律法の食事規定の順守に関して、二つに分裂して批判し合っていました。どちらもキリスト者として自分の見解が正しいと主張していて、調整は不可能でした。そのような状況の中で、パウロは驚くべきアドバイスを与えます。「愛に従って歩め」と言うのです。これでは問題の解決にはならないでしょう。しかし彼はあくまでも「愛にこだわれ」と言うのです。「愛にこだわり、愛にこだわった解決の糸口を見つけよ」とパウロは言うのです。

あなたの食べ物について兄弟が心を痛めるならば、あなたはもはや愛に従って歩んでいません。食べ物のことで兄弟を滅ぼしてはなりません。キリストはその兄弟のために死んでくださったのです。

（ローマ14章15節）

問題を解決することを優先させようとするローマの信徒に対して、パウロは「愛を優先させよ」、「わたしたちのために死んでくださったキリストの愛に従って判断しなさい」と言います。あくまでもキリストの愛にこだわり、キリストの愛をもって問題を解決せよと言うのです。

おのおの善を行って隣人を喜ばせ、互いの向上に努めるべきです。キリストも御自分の満足はお求めになりませんでした。

（ローマ15章2—3節）

パウロは、キリストであればどうするか、にこだわり続けました。「だから、神の栄光のためにキリストがあなたがたを受け入れてくださったように、あなたがたも互いに相手を受け入れなさい」（ローマ15・7）と言います。ただ、「互いに相手を受け入れなさい」と言うだけではないのです。パウロの中心、根幹には、いつもキリストへの道がありました。キリストについて行く、キリストを見つめるという、はっきりとした道です。パウロはわたしたちに、「日常生活の中での小さな、さまざまな出来事もすべてが、少しでも、このまっすぐな道に向かったものとなるように」と言うのです。つまり愛によって生きていこうと言うのです。

　パウロの人生はキリストを中心にして、まっすぐにそれを見つめるものでした。まさにそれは、洗礼の恵みをいただいたわたしたちが置かれているキリストの領域です。キリストの領域においては、ユダヤ人かギリシャ人か、奴隷か自由人か、男か女かということは問題ではありません。大切なのは、皆がこの中に入れられているということです。パウロは一人ひとりが神の子、キリストに結ばれた者になっていると言います。男だから女だからという、それまでの世界の壁、隔て、区別を取ってしまうのです。奴隷だから自由人だからということも乗り越えるのです。それが、キリストに結ばれた者として生きるということです。パウロは、身分社会、奴隷社会の中で、そういう生き方をしようと言ったのです。これがキリストの領域の中に入れられた者の生き方です。「わたしたちの罪のために死んだこと」、そのひと言に、それだけの深みがあるということをパウロはわたしたちに語っているのです。

　わたしたちはキリストの領域の中に、どんなに貧しくても、どんなに小さくても入れていただきました。わたしたちはその中で罪を犯し、病気になり、やがて死を迎えます。しかし、どんなことがあろうとキリストの領域に入れていただいたということを折に触れて思い起こし、味わえるわたしたちでありたいと思います。

あとがき

京都司教区聖書委員会は、一九八六年から毎年「聖書講座」を開催しています。各教区や修道会から講師の方々をお招きして、京都府だけではなく他の府県からも多くの方々のご参加をいただき、神のみことばを通して「イエス・キリスト」を深く知り、出会うための生き生きとした学びを続けています。わたしたちは生涯、神のみことばを聴き、学んでいかなければなりません。

今回、聖書講座シリーズ13として、二〇〇九年に開催された聖書講座「キリストに捕らえられて―パウロの福音宣教」の講話を抜粋して編集し、表題を『パウロの手紙を読む―キリストに捕らえられて』とし、サンパウロのご尽力で発行する運びとなりました。

聖書をより深く学びたい方、また学ぶ機会の少ない友人知人の方々にも本書をご紹介いただければうれしく思います。

この本が誕生するにあたって、各講師の方々、またテープ起こしや編集のためにご協力くださった方々に深く感謝申し上げます。

この聖書講座では、毎回の講話を録音してCDにしたものを有償でお分けしています。これは、一度聴いたものをさらに深め味わうため、講座に参加できない方と分かち合うため、あるいはプレゼントとして利用することによって福音宣教の一助としていただくためです。講師の方々ご自身のお声で味わいたい方は左記までファックスまたはEメールでお申し込みください。

なお本書における聖書の引用は、一部を除き、『聖書新共同訳』（日本聖書協会発行）によっています。

京都司教区聖書委員会

〒604―8006　京都市中京区河原町通三条上ル
カトリック会館7階　京都司教区聖書委員会
電話　〇七五―二二一―三四八四
ファックス　〇七五―二二一―三九一〇
e-mail: seisho@kyoto.catholic.jp

■著者紹介

村上　透磨	京都府出身 1966 年司祭叙階 京都司教区司祭
澤田　豊成	東京都出身 1996 年司祭叙階 聖パウロ修道会司祭
北村　善朗	滋賀県出身 1991 年司祭叙階 京都司教区司祭
英　隆一朗	兵庫県出身 1993 年司祭叙階 イエズス会司祭
西　　経一	長崎県出身 1983 年司祭叙階 神言修道会司祭
鈴木　信一	愛媛県出身 1978 年司祭叙階 聖パウロ修道会司祭

聖書講座シリーズ既刊一覧

聖書委員会では、聖書講座の講話を抜粋し、本にして出版しております。

〔シリーズ 1〕聖書にみる女性たち　—救いの歴史における女性の使命—（品切れ）
・マルタとマリア……………………………………沼野 尚美（六甲病院チャプレン）
・聖母マリアの魅力……………Sr. 渡辺 和子（ナミュール・ノートルダム修道女会）
・イエスの系図における五人の女性………………………北村 善朗神父（京都司教区）
・聖母マリアとわたしたち…………………………中川 博道神父（カルメル修道会）

定価 1,100 円 + 税　　出版：サンパウロ

〔シリーズ 2〕御父・御子・聖霊なる神　—みことばに生かされて—（品切れ）
・ゆるしてくださる神……………………………………大塚 喜直司教（京都司教区）
・水と霊によって生まれる…………………………中川 博道神父（カルメル修道会）
・イエス・キリストを通して示された神の愛……沼野 尚美（六甲病院チャプレン）
・聖霊を受けなさい 私は遣わす ……………………幸田 和生司教（東京大司教区）
・預言者たちの神…………………………………………雨宮 慧神父（東京大司教区）
・貧しき者の神…………………………………昌川 信雄神父（クラレチアン宣教会）

定価 952 円 + 税　　出版：京都司教区聖書委員会

〔シリーズ 3〕神から神へ　—ともに歩んでくださる神—（品切れ）
・死から生命への旅………………………………………池永 潤大司教（大阪大司教区）
・太祖物語のはじめと終わり…………………………来住 英俊神父（御受難修道会）
・神の民………………………………………………………高山 貞美神父（聖心布教会）
・闇から光へ—パウロにおける闇と光…………………北村 善朗神父（京都司教区）
・地と天、人と神…………………………………………中川 博道神父（カルメル修道会）

定価 1,200 円 + 税　　出版：サンパウロ

〔シリーズ 4〕100 匹の羊の群れ　—福音宣教する共同体—（品切れ）
・共感・共有し合う仲間………………………………………菊地 功司教（新潟司教区）
・小さき者の母体なる教会共同体………………………高山 貞美神父（聖心布教会）
・門の内と外・天と地……………………………鈴木 信一神父（聖パウロ修道会）
・受肉・受難・復活の秘義と秘儀………………中川 博道神父（カルメル修道会）
・三位の神と共に歩む神の民……………………………北村 善朗神父（京都司教区）
・主の食卓に招かれて………………………………国井 健宏神父（御受難修道会）

定価 1,200 円 + 税　　出版：サンパウロ

〔シリーズ5〕 **マルコ福音書を読む** ―イエス・キリストの秘密―（品切れ）

・神の子イエス・キリストの福音の初め……………幸田 和生司教（東京大司教区）
・イエスの言葉を聞く人々と神の国の成長………中川 博道神父（カルメル修道会）
・エルサレムへの道……………………………………西 経一神父（神言修道会）
・イエスの変容…………………………………………北村 善朗神父（京都司教区）
・イエスの道の完成―神の国の実現へ……………沼野 尚美（六甲病院チャプレン）
・マルコ福音書における
　メシアの秘密……………………Sr. 小久保 喜以子（ノートルダム教育修道女会）

定価 1,100円＋税　出版：サンパウロ

〔シリーズ6〕 **ルカ福音書を読む** ―同伴者イエス―

・イエスと共にあること……………………………鳥巣 義文神父（神言修道会）
・目覚めて備える―終末に向かって「今」を生きる……北村 善朗神父（京都司教区）
・旅空のイエス―エルサレムに向かいつつ
　弟子を教育する…………中川 博道神父（カルメル修道会）
・神の憐れみと富……………………Sr. 小久保 喜以子（ノートルダム教育修道女会）
・最後の日（過越の日）………………………Sr. 伊従 信子（ノートルダム・ド・ヴィ）
・復活・昇天・新しい共同体の誕生………………鈴木 信一神父（聖パウロ修道会）

定価 1,400円＋税　出版：サンパウロ

〔シリーズ7〕 **ヨハネ福音書を読む** ―復活の主に出会う―（品切れ）

・イエスによる啓示の最初の日々……………………池長 潤大司教（大阪大司教区）
・サマリアの女との問答………………………………大塚 喜直司教（京都司教区）
・過越祭におけるイエス（命のパン）……………中川 博道神父（カルメル修道会）
・わたしはまことのぶどうの木………………………北村 善朗神父（京都司教区）
・復活の主イエス………………………………………英 隆一朗神父（イエズス会）
・栄光の書（受難・復活）…………………………鈴木 信一神父（聖パウロ修道会）

定価 1,400円＋税　出版：サンパウロ

〔シリーズ8〕 **今、キリストを証しする** ―聖書に学ぶ現代人の生き方―（品切れ）

・現代社会………………………………………………大塚 喜直司教（京都司教区）
・証しする教会共同体…………………………………鈴木 信一神父（聖パウロ修道会）
・秘跡……………………………………………………渡辺 幹夫神父（カルメル修道会）
・家庭……………………………………………………中川 博道神父（カルメル修道会）
・信徒…………………………………………Sr. 伊従 信子（ノートルダム・ド・ヴィ）
・女性……………………………Sr. 小久保 喜以子（ノートルダム教育修道女会）
・子供……………………………………………………西 経一神父（神言修道会）

・司祭・修道者……………………………………………柳田 敏洋神父（イエズス会）
・障がい・病…………………………………………………奥村 豊神父（京都司教区）
・老い……………………………………………………北村 善朗神父（京都司教区）
・死…………………………………………………………一場 修神父（マリスト会）
・希望……………………………………………………村上 透磨神父（京都司教区）

定価 1,500 円+税　　出版：サンパウロ

〔シリーズ 9〕マタイ福音書を読む

—神の国のメッセージ・インマヌエルである神—（品切れ）

・マタイの構造とメッセージ…………………………村上 透磨神父（京都司教区）
・イエスの活動の準備…………………………………北村 善朗神父（京都司教区）
・山上の説教……………………………………………小野 十益神父（京都司教区）
・この世の不信仰……………………………中川 博道神父（カルメル修道会）
・神の国の奥義…………………………………………鳥巣 義文神父（神言修道会）
・権威についての論争………………………鈴木 信一神父（聖パウロ修道会）
・復活と派遣……………………………………………英 隆一朗神父（イエズス会）

定価 1,400 円+税　　出版：サンパウロ

〔シリーズ 10〕キリストの祭司職へ招かれているわたしたち

・キリストの祭司職……………………………………北村 善朗神父（京都司教区）
・神の民の祭司職……………………………鈴木 信一神父（聖パウロ修道会）
・信徒の祭司職…………………………………………奥村 豊神父（京都司教区）
・みことばと祭司職…………………………中川 博道神父（カルメル修道会）
・共同体と祭司職………………………………………英 隆一朗神父（イエズス会）
・神の民を聖化する司祭………………白浜 満神父（サン・スルピス司祭会）
・牧者である司祭……………………………澤田 豊成神父（聖パウロ修道会）

定価 1,400 円+税　　出版：サンパウロ

〔シリーズ 11〕出会いと回心　—神に還る—（品切れ）

・アブラハムとヤコブ…………………白浜 満神父（サン・スルピス司祭会）
・モーセ…………………………………………………英 隆一朗神父（イエズス会）
・イザヤとエレミヤ……………………………………西 経一神父（神言修道会）
・マリアとヨセフ………………………………………北村 善朗神父（京都司教区）
・ペトロとパウロ……………………………澤田 豊成神父（聖パウロ修道会）
・マリアとマルタとラザロ…………………鈴木 信一神父（聖パウロ修道会）
・イエス・キリストご自身…………………中川 博道神父（カルメル修道会）

定価 1,400 円+税　　出版：サンパウロ

〔シリーズ 12〕信仰に生きる　―典礼暦に沿って―（品切れ）

定価 1,400 円+税　　出版：サンパウロ

〔シリーズ 13〕パウロの手紙を読む　―キリストに捕らえられて―

定価 1,200 円+税　　出版：サンパウロ

〔シリーズ 14〕使徒言行録を読む　―聖霊に導かれて―

定価 1,200 円+税　　出版：サンパウロ

＊ご希望の方は、カトリック京都司教区聖書委員会まで、お申し込みください。

〒 604-8006　京都市中京区河原町通三条上ル　カトリック会館 7 階
電話 075-211-3484　FAX 075-211-3910　E メール seisho@kyoto.catholic.jp

パウロの手紙《てがみ》を読《よ》む——キリストに捕《と》らえられて

企画・編集——カトリック京都司教区聖書委員会

発行所——サン パウロ

〒160-0011　東京都新宿区若葉 1-16-12
宣教推進部（版元）Tel. (03) 3359-0451　Fax. (03) 3351-9534
宣教企画編集部　Tel. (03) 3357-6498　Fax. (03) 3357-6408

印刷所——日本ハイコム㈱

2016 年 2 月 25 日　初版発行
2019 年 7 月 31 日　初版 2 刷

ISBN978-4-8056-7038-5　C0316（日キ販）